# 백점

## 국어 1·1

개념북

# 교과서에 실린
# 작품 소개

| 단원 | 교과서 | 제재 이름 | 지은이 | 나온 곳 | 백점 쪽수 |
|---|---|---|---|---|---|
| 2단원 | 국어 | 「오리」 | 권태응 | 『감자꽃』, (주)창비, 2014. | 57쪽 |
| 3단원 | 국어 | 「다리」 | 최승호 | 『최승호 시인의 말놀이 동시집 1 — 모음 —』, (주)비룡소, 2023. | 66쪽 |
| | | 「구름 놀이」 | 한태희 글, 그림 | 『구름 놀이』, 아이세움, 2004. | 73~74쪽 |
| 4단원 | 국어 | 「맛있는 건 맛있어」 | 김양미 글, 김효은 그림 | 『맛있는 건 맛있어』, 시공주니어, 2019. | 87~88쪽 |
| | | 「학교 가는 길」 | 이보나 흐미엘레프스카 글, 그림, 이지원 옮김 | 『학교 가는 길』, 도서출판 논장, 2011. | 95~96쪽 |

## 교과서에 실린 작품 미리보기

### 오리

연못에 나온 엄마 오리와 아기 오리들의 모습을 재미있게 표현한 동시입니다. 엄마 오리와 아기 오리의 모습을 떠올리면서 받침이 있는 글자를 재미있게 배울 수 있습니다.

### 구름 놀이

토끼, 호랑이 등 다양한 모습으로 바뀌는 구름의 모양을 그림과 함께 나타내어 상상력, 호기심을 키워 줍니다. 책에 나온 손동작을 따라 해 보며 재미있는 놀이도 함께 할 수 있습니다.

| 단원 | 교과서 | 제재 이름 | 지은이 | 나온 곳 | 백점 쪽수 |
|------|--------|-----------|--------|---------|-----------|
| 5단원 | 국어 | 「모두 모두 안녕!」 | 윤여림 | 『모두 모두 안녕!』, 웅진주니어, 2013. | 105쪽 |
| | | 「저녁 인사」 | 최명란 | 『우리는 분명 연결된 거다』, (주)창비, 2018. | 109쪽 |
| 6단원 | 국어 | 「꽃에서 나온 코끼리」 | 황K(케이) 글, 그림 | 『꽃에서 나온 코끼리』, 책읽는곰, 2016. | 124쪽 |
| 7단원 | 국어 | 「도서관 고양이」 | 최지혜 | 『도서관 고양이』, 한울림어린이, 2020. | 138쪽 |
| | | 「모두 모두 한집에 살아요」 | 마리안느 뒤비크 | 『모두 모두 한집에 살아요』, 고래뱃속, 2020. | 139쪽 |

## 모두 모두 안녕!

아이가 주변 사람들과 만나 반갑게 인사하는 내용이 담긴 그림책입니다. 그림책 속 인사말을 따라 하며 인사하는 습관을 기르고 가족을 비롯한 주변에서 만나는 다양한 사람들을 부르는 말을 배울 수 있게 도와줍니다.

## 도서관 고양이

고양이는 아이들이 재미있게 그림책을 읽는 모습을 보고 그림책이 궁금해져서 도서관에 들어갔습니다. 그림책을 보고 한눈에 반한 고양이는 매일 밤 신기한 여행을 떠납니다. 고양이와 함께 그림책 속을 여행하며 책 읽기의 즐거움을 알 수 있습니다.

# 구성과 특징

개념북 자기주도 학습을 위한
## "하루 4쪽" 구성

## 교과서 학습

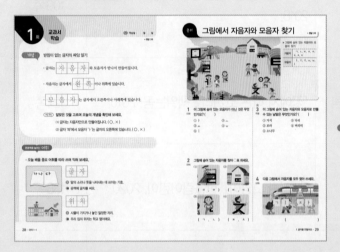

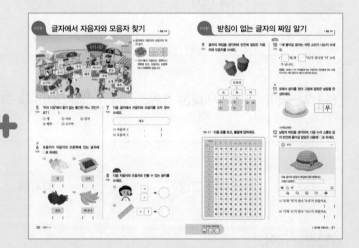

## 대단원 평가

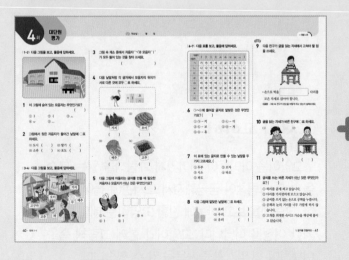

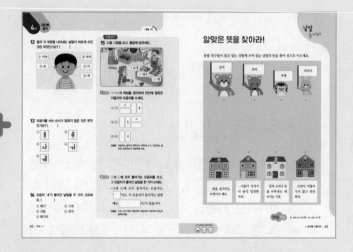

대단원에서 배울 내용을 단원 핵심
어휘를 통해 한눈에 확인할 수
있습니다.

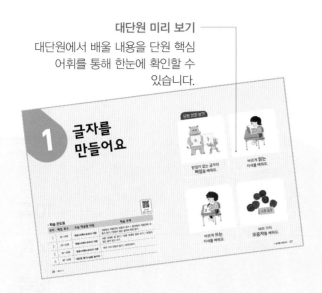

## 개념 학습 + 문해력을 높이는 어휘

교과서 개념을 빠르게 익히고, 개념 확인 OX 문제를
통해 개념을 탄탄하게 이해합니다.

'문해력을 높이는 어휘'에서는 단원의 핵심 어휘를
배웁니다. 핵심 어휘를 따라 쓴 뒤, 뜻과 예문을 학습
하면 교과서 지문과 활동을 쉽게 이해할 수 있습니다.

## 지문 독해 학습

지문의 핵심 내용을 정리하고 다양한 유형의 문제를
풀며 지문 독해 실력을 향상시킵니다.

+서술형 : 자신의 생각을 정확하게 쓸 수 있도록 도
움말과 채점 기준을 강화하였습니다.

+디지털 문해력 : 단원의 학습 내용을 디지털 매체에
적용하여 디지털 문해력을 기릅니다.

## 대단원 평가

대단원을 마무리하며 실력을 점검할 수 있습니다.

+수행평가 : 학교 수행 평가에 대비할 수 있도록 단
계별 문제를 제공합니다.

## 평가북 맞춤형 평가 대비 수준별 단원 평가

### 단원 평가 A단계

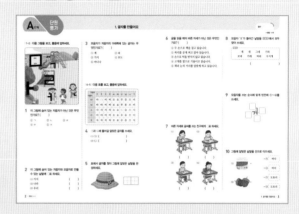

단원별 기본 학습 성취도를 확인하고, 수시 평가
나 객관식 문항 위주의 학교 단원 평가에 대비할
수 있습니다.

### 단원 평가 B단계

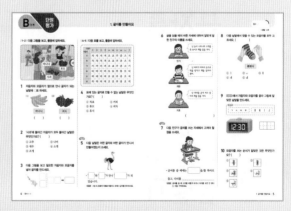

단원별 심화 학습 성취도를 확인하고, 서술형이
포함된 학교 단원 평가에 대비할 수 있습니다.

# 차례

**한글 놀이**

| | | |
|---|---|---|
| 1회 | ⋯⋯⋯⋯⋯⋯ | 10쪽 |
| 2회 | ⋯⋯⋯⋯⋯⋯ | 14쪽 |
| 3회 | ⋯⋯⋯⋯⋯⋯ | 18쪽 |
| 4회 | ⋯⋯⋯⋯⋯⋯ | 22쪽 |

**1 글자를 만들어요**

| | | |
|---|---|---|
| 1회 | ⋯⋯⋯⋯⋯⋯ | 28쪽 |
| 2회 | ⋯⋯⋯⋯⋯⋯ | 32쪽 |
| 3회 | ⋯⋯⋯⋯⋯⋯ | 36쪽 |
| 4회 | ⋯⋯⋯⋯⋯⋯ | 40쪽 |

**2 받침이 있는 글자를 읽어요**

| | | |
|---|---|---|
| 1회 | ⋯⋯⋯⋯⋯⋯ | 46쪽 |
| 2회 | ⋯⋯⋯⋯⋯⋯ | 50쪽 |
| 3회 | ⋯⋯⋯⋯⋯⋯ | 54쪽 |
| 4회 | ⋯⋯⋯⋯⋯⋯ | 58쪽 |

**3 낱말과 친해져요**

| | | |
|---|---|---|
| 1회 | ⋯⋯⋯⋯⋯⋯ | 64쪽 |
| 2회 | ⋯⋯⋯⋯⋯⋯ | 68쪽 |
| 3회 | ⋯⋯⋯⋯⋯⋯ | 72쪽 |
| 4회 | ⋯⋯⋯⋯⋯⋯ | 76쪽 |

하루 **4쪽 학습**으로 자기주도학습 완성

**4** 여러가지 낱말을 익혀요

| | |
|---|---|
| 1회 | 82쪽 |
| 2회 | 86쪽 |
| 3회 | 90쪽 |
| 4회 | 94쪽 |
| 5회 | 98쪽 |

**5** 반갑게 인사해요

| | |
|---|---|
| 1회 | 104쪽 |
| 2회 | 108쪽 |
| 3회 | 112쪽 |

**6** 또박또박 읽어요

| | |
|---|---|
| 1회 | 118쪽 |
| 2회 | 122쪽 |
| 3회 | 126쪽 |

**7** 알맞은 낱말을 찾아요

| | |
|---|---|
| 1회 | 132쪽 |
| 2회 | 136쪽 |
| 3회 | 140쪽 |

# 한글 놀이

## 학습 진도표

온라인
학습 진도표

| 회차 | 백점 쪽수 | 오늘 학습할 내용 | 학습 주제 |
|---|---|---|---|
| 1 | 10~13쪽 | 개념+어휘+교과서 지문 | 글자 모양 찾기 / 소리마디 알기 / 말놀이 하기 |
| 2 | 14~17쪽 | 개념+어휘+교과서 지문 | 모음자 알기 / 모음자 바르게 읽고 쓰기 |
| 3 | 18~21쪽 | 개념+어휘+교과서 지문 | 자음자 알기 / 자음자 바르게 쓰기 |
| 4 | 22~25쪽 | 대단원 평가+낱말 놀이터 | |

## 단원 미리 보기

사 – 자

**소리마디**를 배워요.

너구리

**모음자**를 배워요.

**연필**을 바르게 잡는
방법을 익혀요.

차

**자음자**를 배워요.

개념 **소리마디 알기**

· 한 덩어리로 내는 말소리의 단위를 '｜소｜리｜마｜디｜'라고 합니다.

· 낱말을 따라 읽으며 낱말이 몇 개의 소리 마디로 되어 있는지 생각합니다.

 '호랑이'는 소리마디 수가 세 개예요.

(개념 확인) **알맞은 것을 고르며 오늘의 개념을 확인해 보세요.**

(1) '소리마디'는 두 덩어리로 내는 말소리의 단위입니다. ( ○ , × )

(2) '허수아비'는 소리마디 수가 네 개인 낱말입니다. ( ○ , × )

개념 **말놀이 하기**

| 소리마디 수가 같은 낱말 이어 말하기 | 하나에서 셋까지 소리마디 수를 나타내는 주사위를 이용해 그 숫자에 해당하는 소리마디 수의 낱말을 이어 말합니다.<br>예 사다리 → 무지개 → 강아지 …… |
| --- | --- |
| 앞 낱말의 끝소리로 시작하는 낱말 이어 말하기 | 앞말의 마지막 소리가 뒷말의 처음 소리와 같은 낱말을 이어 말합니다.<br>예 여우 → ｜우｜주｜ → 주사기 → 기차 …… |

(개념 확인) **알맞은 것을 고르며 오늘의 개념을 확인해 보세요.**

(3) 소리마디 수가 한 개인 낱말을 이어 말할 때, '꽃', '달'을 말합니다. ( ○ , × )

(4) 앞 낱말의 끝소리로 시작하는 낱말 이어 말하기를 할 때, '우유' 다음에는 '우산'을 말합니다. ( ○ , × )

# 글자 모양 찾기

**1** 이해 **보기**의 그림과 모양이 같은 꽃에 ◯표 하세요.

**4** 이해 여러 가지 모양 중에서 글자인 것을 모두 찾아 ◯표 하세요.

(1) 아 ☺ ❦ 구

(2) ☆ 우 ☼ ㅓ▲

(3) ♣ㅏ △ 리 ♫

**| 2~3 |** 다음 그림을 보고, 물음에 답하세요.

**2** 이해 그림 ❶과 모양이 같은 것에 ◯표 하세요.

**★ 5** 적용 모양이 같은 글자를 찾아 선으로 이으세요.

(1) 개구리 • • ㉮ 오리

(2) 오리 • • ㉯ 잉어

(3) 잉어 • • ㉰ 개구리

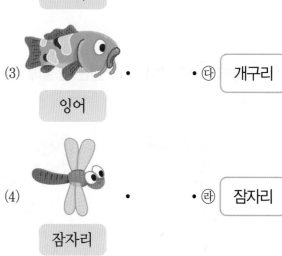

(4) 잠자리 • • ㉱ 잠자리

**3** 추론 그림 ❶~❸이 나타내는 곳은 어디인지 **보기**에서 찾아 기호를 쓰세요.

**보기**
㉠ 식당  ㉡ 비상구
㉢ 화장실  ㉣ 쓰레기통

(1) 그림 ❶: (　　　　　)

(2) 그림 ❷: (　　　　　)

(3) 그림 ❸: (　　　　　)

# 소리마디 알기

• 정답 1쪽

▶ 소리마디 알기
- 한 덩어리로 내는 말소리의 단위를 '소리마디'라고 합니다.
- 낱말을 따라 읽으며 낱말이 몇 개의 소리마디인지 생각해 봅니다.
- 소리마디마다 손뼉을 치며 낱말을 말해 봅니다.

▶ 동물 이름의 소리마디 수 알아보기

| 소리마디 수 | 동물 이름 |
| --- | --- |
| 1개 | 쥐, 양 |
| 2개 | 사슴, 사자 |
| 3개 | 고양이, 호랑이 |

**6** 이해 이름의 소리마디 수가 한 개인 동물은 무엇인가요? (      )

① 쥐　　　　② 사슴
③ 고양이　　④ 호랑이
⑤ 고슴도치

**7** 이해 '사슴'과 소리마디 수가 같은 동물에 ○표 하세요.

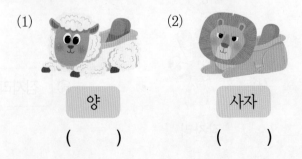

(1) 양　　　　　(2) 사자
(  　  )　　　　(  　  )

**8** 적용 소리마디 수가 네 개인 낱말을 한 가지만 떠올려 쓰세요.

(　　　　　　　　　)

**9** ★ 적용 '비행기'와 같은 소리로 시작하는 낱말을 뜻하는 그림은 무엇인가요? (      )

①　　　②　

③　　　④　

⑤　

# 말놀이 하기

• 정답 1쪽

**| 10~12 |** 다음 그림을 보고, 물음에 답하세요.

**10** 상자에서 나온 그림이 <u>아닌</u> 것은 무엇인가요?
이해
( )

① 고구마 　　② 다리미

③ 무지개 　　④ 바나나

⑤ 사다리

**11** 상자에서 나온 낱말의 같은 점은 무엇인가요?
추론
( )

① 음식 이름입니다.

② 소리마디가 셋입니다.

③ 글자 모양이 같습니다.

④ 낱말의 첫소리가 같습니다.

⑤ 낱말의 끝소리가 같습니다.

**12** 문제 **11**의 답과 같은 점이 있는 낱말을 한 가
적용 지만 떠올려 쓰세요.

( )

**| 13~14 |** 다음 그림을 보고, 물음에 답하세요.

**13** 그림에 나타난 낱말을 빈칸에 차례대로 쓰세요.
이해

| 사자 | ➡ | (1) |

| (2) | ➡ | 미끄럼틀 |

★
**14** 문제 **13**과 같이 앞 낱말의 끝소리로 시작하는
적용 낱말을 이어서 써 보세요.

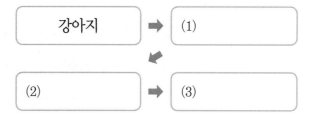

| 강아지 | ➡ | (1) |

| (2) | ➡ | (3) |

나의 실력에 색칠하세요.
😄 🙂 😣

**개념**   모음자 알기

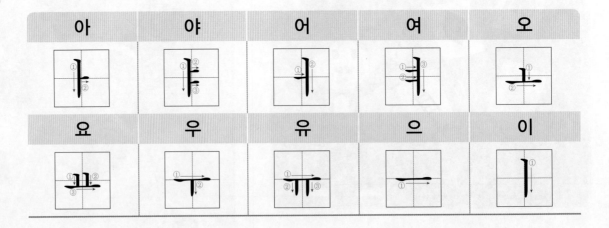

| 아 | 야 | 어 | 여 | 오 |
|---|---|---|---|---|
| ㅏ | ㅑ | ㅓ | ㅕ | ㅗ |

| 요 | 우 | 유 | 으 | 이 |
|---|---|---|---|---|
| ㅛ | ㅜ | ㅠ | ㅡ | ㅣ |

**개념 확인**   알맞은 것을 고르며 오늘의 개념을 확인해 보세요.

(1) 모음자 'ㅠ'의 이름은 '요'입니다. ( ○ , × )

(2) 모음자 'ㅗ'를 쓸 때에는 짧은 세로선을 먼저 씁니다. ( ○ , × )

**개념**   연필을 바르게 잡는 방법

• 엄지손가락과 집게손가락의 모양을 둥글게 하여 | 연 | 필 | 을 잡습니다.

• 연필심에서 약간 | 위 | 로 올라간 부분을 적당히 힘을

주어 잡습니다.

• 연필을 너무 눕히거나 세워서 잡지 않습니다.

**개념 확인**   알맞은 것을 고르며 오늘의 개념을 확인해 보세요.

(3) 연필심 부분을 잡고 글씨를 씁니다. ( ○ , × )

(4) 연필을 잡을 때에는 연필을 너무 눕혀서 잡지 않습니다. ( ○ , × )

# 모음자 알기

• 정답 1쪽

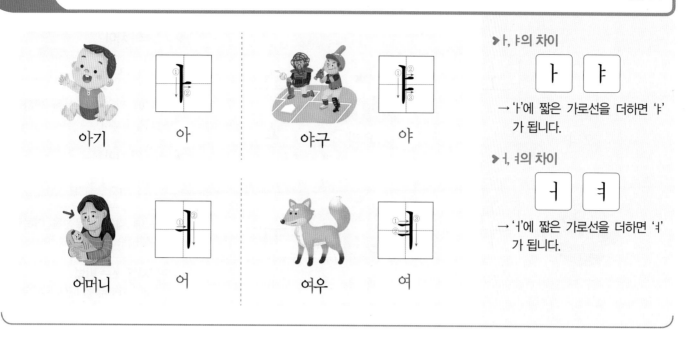

아기 아

야구 야

어머니 어

여우 여

▶ㅏ, ㅑ의 차이

ㅏ ㅑ

→ 'ㅏ'에 짧은 가로선을 더하면 'ㅑ'가 됩니다.

▶ㅓ, ㅕ의 차이

ㅓ ㅕ

→ 'ㅓ'에 짧은 가로선을 더하면 'ㅕ'가 됩니다.

## 1 모음자와 그 이름을 알맞게 선으로 이으세요.

이해

(1) ㅏ •  
(2) ㅑ •  
(3) ㅓ •  
(4) ㅕ •  

• ㉮ 어  
• ㉯ 야  
• ㉰ 아  
• ㉱ 여  

## 2 다음 낱말에 모두 들어 있는 모음자를 쓰세요.

이해

아기 사자

## 3 다음 모음자를 쓰는 순서에 맞게 빈칸에 ①~③을 쓰세요.

적용

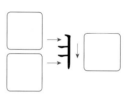

## 4 연필을 바르게 잡고 글씨를 쓰는 모습에 ○표 하세요.

이해

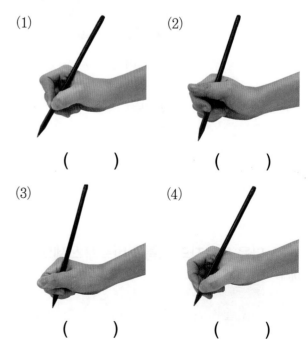

(1) ( )  (2) ( )

(3) ( )  (4) ( )

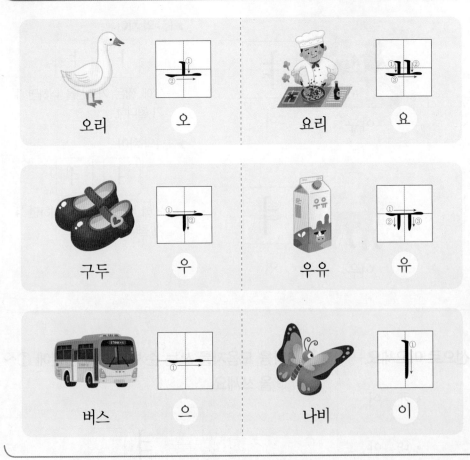

> ㅗ, ㅛ의 차이

→ 'ㅗ'에 짧은 세로선을 더하면 'ㅛ'가 됩니다.

> ㅜ, ㅠ의 차이

→ 'ㅜ'에 짧은 세로선을 더하면 'ㅠ'가 됩니다.

> 모음자를 쓰는 방법
• 'ㅡ'처럼 가로로 쓸 때에는 왼쪽에서 오른쪽으로 씁니다.
• 'ㅣ'처럼 세로로 쓸 때에는 위에서 아래로 씁니다.

---

**5** 다음 낱말에 들어 있는 모음자를 두 가지 고르세요. (        )
이해

버스

① ㅓ        ② ㅛ        ③ ㅜ
④ ㅡ        ⑤ ㅣ

---

**6** 다음 모음자의 이름을 바르게 쓰세요.
이해

| 모음자 | ㅗ | ㅠ | ㅣ |
| --- | --- | --- | --- |
| 이름 | (1) | (2) | (3) |

---

**★**
**7** 모음자를 쓰는 순서가 바른 것은 무엇인가요?
적용
(        )

①     ②     ③

④     ⑤

---

**8** 모음자 'ㅣ'가 들어 있는 낱말에 ○표 하세요.
적용

(1)         (2)

비누                튜브

(        )                (        )

# 모음자 바르게 읽고 쓰기

**9**
이해

다음 그림에서 친구가 만든 것은 어떤 모음자 모양인가요? (　　　)

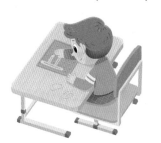

① ㅏ
② ㅓ
③ ㅗ
④ ㅠ
⑤ ㅑ

**10**
적용

보기와 같이 빈칸을 색칠하여 어떤 모음자 모양을 만들었는지 쓰세요.

보기

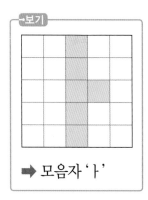

➡ 모음자 'ㅏ'

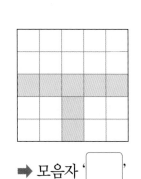

➡ 모음자 '　　'

**11**
적용

다음 모음자를 읽고, 같은 모음자가 들어 있는 동물 이름에 ◯표 하세요.

(1) ㅓ ➡ 거북　　오소리

(2) ㅛ ➡ 판다　　표범

(3) ㅜ ➡ 두더지　　스컹크

(4) ㅣ ➡ 비버　　돌고래

**12**
이해

모음자 모양과 같은 모음자를 선으로 이으세요.

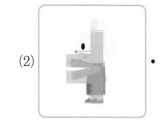

(1)  •

• ㉮ ㅓ

(2)  •

• ㉯ ㅛ

★
**13**
적용

보기에서 알맞은 모음자를 골라 그림에 어울리는 낱말을 완성하여 쓰세요.

보기

ㅏ　ㅑ　ㅗ　ㅛ　ㅠ　ㅣ

(1)

ㅇ ㅏ 기

(2)

ㅇ ㅣ

(3)

ㅇ ㅠ

(4)

ㅇ 리

개념　자음자 알기

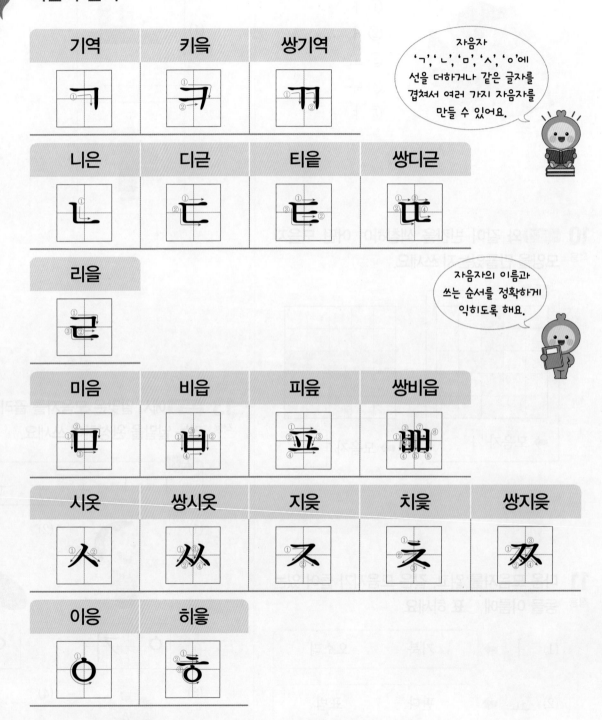

| 기역 | 키읔 | 쌍기역 |
|---|---|---|
| ㄱ | ㅋ | ㄲ |

자음자 'ㄱ', 'ㄴ', 'ㅁ', 'ㅅ', 'ㅇ'에 선을 더하거나 같은 글자를 겹쳐서 여러 가지 자음자를 만들 수 있어요.

| 니은 | 디귿 | 티읕 | 쌍디귿 |
|---|---|---|---|
| ㄴ | ㄷ | ㅌ | ㄸ |

| 리을 |
|---|
| ㄹ |

자음자의 이름과 쓰는 순서를 정확하게 익히도록 해요.

| 미음 | 비읍 | 피읖 | 쌍비읍 |
|---|---|---|---|
| ㅁ | ㅂ | ㅍ | ㅃ |

| 시옷 | 쌍시옷 | 지읒 | 치읓 | 쌍지읒 |
|---|---|---|---|---|
| ㅅ | ㅆ | ㅈ | ㅊ | ㅉ |

| 이응 | 히읗 |
|---|---|
| ㅇ | ㅎ |

개념 확인　**알맞은 것을 고르며 오늘의 개념을 확인해 보세요.**

(1) 자음자 'ㅆ'의 이름은 '쌍시옷'입니다. ( ◯ , ✕ )

(2) 자음자 'ㄴ'을 쓸 때에는 두 번에 나누어서 씁니다. ( ◯ , ✕ )

# 셋째 마당 자음자 알기

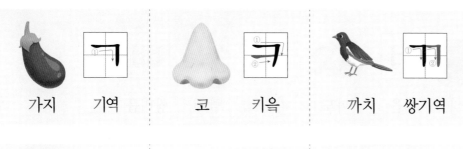

 가지 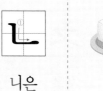 기역　 코 키읔　 까치  쌍기역

 나무  니은　두부 디귿　타조 티읕　딸기 쌍디귿

소라 리을

> 자음자 모양의 차이를 살펴보고, 자음자가 들어 있는 낱말을 바르게 읽어 보요.

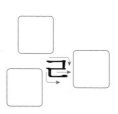

---

**1** 이해
다음 자음자의 이름을 바르게 쓰세요.

| 자음자 | ㄱ | ㅋ | ㄲ |
|---|---|---|---|
| 이름 | (1) | (2) | (3) |

---

**3** 적용
다음 자음자를 쓰는 순서에 맞게 빈칸에 ①~③을 쓰세요.

ㄹ

---

**2** 이해
다음 낱말에 모두 들어 있는 자음자는 무엇인가요? (　　　)

나무

노루

① ㄱ　　② ㄴ　　③ ㄷ
④ ㄸ　　⑤ ㄹ

---

**4** 적용
빈 곳에 들어갈 알맞은 자음자를 써넣으세요.

(1)

ㅏㄴ

(2)

ㅏㅇ

---

| 머리 | 미음 | 바다 | 비읍 | 파도 | 피읖 | 빨대 | 쌍비읍 |

| 사자 | 시옷 | 새싹 | 쌍시옷 | 자두 | 지읒 | 초 | 치읓 | 쪽지 | 쌍지읒 |

| 아이 | 이응 | 호두 | 히읗 |

---

**5** 이해 자음자 'ㅉ'이 들어간 낱말은 무엇인가요?

( )

① 보물 ② 짬뽕 ③ 자두

④ 오리 ⑤ 씨름

★ **6** 이해 다음 자음자의 이름을 쓰세요.

(1) ㅅ 　

(2) ㅍ 　

**7** 적용 자음자 'ㅎ'이 들어간 낱말에 ○표 하세요.

(1) 휴지 ( )

(2) 초록 ( )

**8** 적용 자음자를 쓰는 순서가 바른 것은 무엇인가요?

( )

① ㅁ ② ㅂ

③ ㅆ ④ ㅊ

⑤ ㅇ

# 자음자 바르게 쓰기

• 정답 2쪽

**9** 다음 그림을 보고 자음자를 바르게 쓴 것에 ○
이해  표 하세요.

(1) 타조 / 카조

(2) 뺘도 / 파도

(3) 소 / 소

(4) 보리 / 모리

**10** 자음자 'ㅍ'이 들어간 글자를 색칠하면 나타나
추론  는 자음자를 보고, 그 이름을 쓰세요.

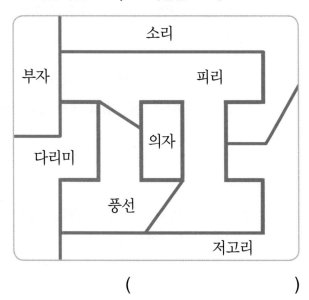

| 소리 | |
| 부자 | 피리 |
| | 의자 |
| 다리미 | |
| 풍선 | |
| | 저고리 |

( )

**11** 보기에서 알맞은 자음자를 골라 그림에 어울
적용  리는 낱말을 완성하여 쓰세요.

┌─ 보기 ─────────────────────┐
│  ㄱ ㄷ ㄹ ㅁ ㅂ ㅇ ㅈ ㅊ ㅎ  │
└───────────────────────────┘

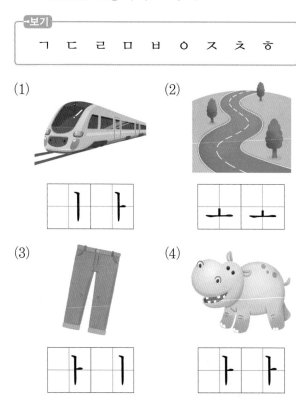

(1) ㅣ ㅏ

(2) ㅗ ㅗ

(3) ㅏ ㅣ

(4) ㅏ ㅏ

**★**
**12** 다음 그림은 몸으로 어떤 자음자 모양을 만든
적용  것인가요? (        )

① ㄷ        ② ㅅ        ③ ㅊ
④ ㅌ        ⑤ ㅎ

**13** 같은 자음자로 시작하는 낱말이 <u>아닌</u> 것은 무
적용  엇인가요? (        )

① 공                    ② 가루
③ 가지                  ④ 그네
⑤ 까치

나의 실력에 색칠하세요.
😄 🙂 😣

**1** 그림이 나타내는 곳은 어디인가요? ( )

① 식당
② 놀이터
③ 도서관
④ 화장실
⑤ 쓰레기통

**2** 글자가 들어 있는 카드를 들고 있는 친구에 ○ 표 하세요.

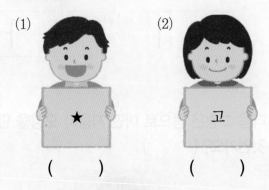

(1) ★
( )

(2) 고
( )

**3** 소리마디 수가 두 개인 낱말은 무엇인가요?
( )

① 별
② 바다
③ 개나리
④ 미끄럼틀
⑤ 아이스크림

**4** 같은 소리로 시작하는 낱말을 선으로 이으세요.

| (1) | 가방 | • | • ㉮ | 사슴 |
| (2) | 사과 | • | • ㉯ | 호두 |
| (3) | 고양이 | • | • ㉰ | 가위 |
| (4) | 호랑이 | • | • ㉱ | 고슴도치 |

**5** 앞 낱말의 끝소리로 시작하는 낱말을 이어서 말할 때, 빈칸에 들어갈 알맞은 낱말은 무엇인 가요? ( )

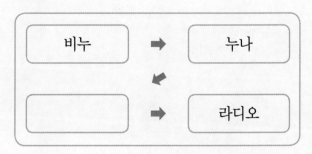

① 라면
② 나비
③ 나라
④ 오리
⑤ 누더기

**6** 연필을 잡는 방법으로 알맞지 <u>않은</u> 것의 기호를 쓰세요.

㉠ 연필을 너무 세워서 잡지 않습니다.
㉡ 집게손가락에 힘을 주고 세게 눌러 잡습니다.
㉢ 연필심에서 약간 위로 올라간 부분을 잡습니다.
㉣ 엄지손가락과 집게손가락의 모양을 둥글게 하여 연필을 잡습니다.

( )

**7** 낱말에 들어 있는 모음자가 <u>다른</u> 하나는 무엇인가요? (　　　)

①
거미

②
허리

③
거울

④
겨울

④
어머니

**8** 모음자를 쓰는 순서가 바른 것은 무엇인가요?
(　　　)

①

②

③

④

⑤

**9** 다음 낱말에 모두 들어 있는 모음자는 무엇인지 쓰세요.

모자　　　　　포도

**10** 다음 그림에 나타난 모음자의 이름은 무엇인가요? (　　　)

① 아　　　　② 여　　　　③ 요
④ 우　　　　⑤ 으

**11** 글자 '소'에 들어간 자음자와 같은 자음자가 들어 있는 낱말은 무엇인가요? (　　　)

① 코　　　　　　② 구름
③ 사슴　　　　　④ 조개
⑤ 비행기

**12** 자음자와 그 이름이 알맞게 짝 지어진 것은 무엇인가요? (      )

① ㄱ – 기윽
② ㄷ – 디귿
③ ㅅ – 시웃
④ ㅋ – 키역
⑤ ㅌ – 티긑

**13** 자음자를 쓰는 방법을 알맞게 말한 친구의 이름을 쓰세요.

명수: 자음자 'ㅁ'은 한 번에 쓸 수 있어.
민아: 자음자 'ㄷ'은 세로선을 먼저 써야 해.
진우: 자음자 'ㄱ'은 왼쪽에서 오른쪽으로 한 번에 써.

(                    )

**14** 그림에 알맞은 자음자를 바르게 쓴 것에 ○표 하세요.

(1) 소다 (      )      (2) 소라 (      )

**15** 다음 그림을 보고, 물음에 답하세요.

① ② ③

**1단계** 보기 에서 자음자와 모음자를 골라 그림에 알맞은 낱말을 완성하세요.

보기

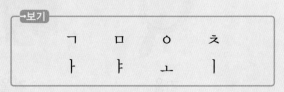

ㄱ   ㅁ   ㅇ   ㅊ
ㅏ   ㅑ   ㅗ   ㅣ

(1) 그림 ❶: | ㄱ | ㅊ |

(2) 그림 ❷: | ㅗ | ㅣ |

(3) 그림 ❸: | ㅣ | ㅑ | ㄱ |

도움말 그림이 무엇을 나타내는지 살펴보세요.

**2단계** 그림 ❶~❸에 모두 들어 있는 자음자와 모음자를 찾아 쓰세요.

• 그림 ❶~❸에는 자음자 '[      ]'과 모음자 '[      ]'가 모두 들어 있습니다.

도움말 1단계에서 쓴 낱말을 살펴보며 여러 번 나오는 자음자와 모음자를 찾아보세요.

# 어떤 낱말에 들어 있을까?

왼쪽에 있는 자음자나 모음자가 들어 있는 낱말을 찾아 ○표 하세요.

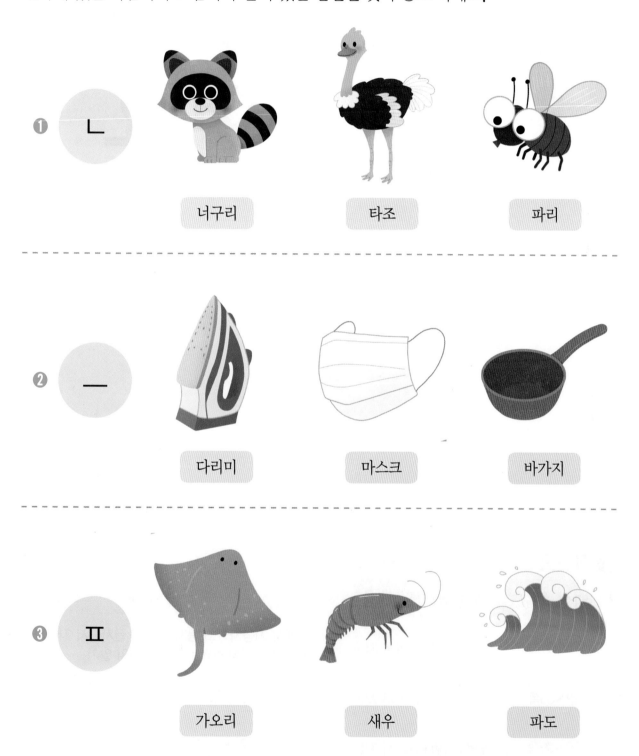

① ㄴ

너구리 　　　 타조 　　　 파리

② ㅡ

다리미 　　　 마스크 　　　 바가지

③ ㅍ

가오리 　　　 새우 　　　 파도

거꾸로 정답

# 1 글자를 만들어요

온라인
학습 진도표

## 학습 진도표

| 회차 | 백점 쪽수 | 오늘 학습할 내용 | 학습 주제 |
|---|---|---|---|
| 1 | 28~31쪽 | 개념+어휘+교과서 지문 | 그림에서 자음자와 모음자 찾기 / 글자에서 자음자와 모음자 찾기 / 받침이 없는 글자의 짜임 알기 |
| 2 | 32~35쪽 | 개념+어휘+교과서 지문 | 바른 자세로 글 읽기 / 바른 자세로 글씨 쓰기 / 받침이 없는 글자 읽고 쓰기 |
| 3 | 36~39쪽 | 개념+어휘+교과서 지문 | 여러 가지 모음자 알기 / 마무리하기 |
| 4 | 40~43쪽 | 대단원 평가+낱말 놀이터 | |

받침이 없는 글자의
**짜임**을 배워요.

바르게 **읽는**
자세를 배워요.

바르게 **쓰는**
자세를 배워요.

여러 가지
**모음자**를 배워요.

**개념** 받침이 없는 글자의 짜임 알기

- 글자는 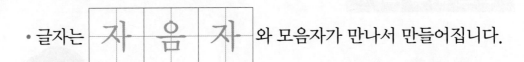 와 모음자가 만나서 만들어집니다.

- 자음자는 글자에서 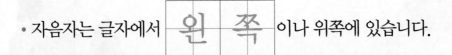 이나 위쪽에 있습니다.

- 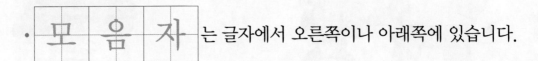 는 글자에서 오른쪽이나 아래쪽에 있습니다.

**개념 확인** 알맞은 것을 고르며 오늘의 개념을 확인해 보세요.

(1) 글자는 자음자만으로 만들어집니다. ( ○ , × )

(2) 글자 '파'에서 모음자 'ㅏ'는 글자의 오른쪽에 있습니다. ( ○ , × )

**문해력을 높이는 어휘**

- 오늘 배울 중요 어휘를 따라 쓰며 익혀 보세요.

 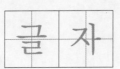

🔵뜻 말의 소리나 뜻을 나타내는 데 쓰이는 기호.

🔵예 공책에 글자를 써요.

🔵뜻 사물이 가지거나 놓인 일정한 자리.

🔵예 우리 집의 위치는 학교 옆이에요.

# 그림에서 자음자와 모음자 찾기

• 정답 3쪽

▶ 그림에 숨어 있는 자음자와 모음자 찾기

| 자음자 | ㄱ, ㄴ, ㄸ, ㄹ, ㅁ, ㅇ, ㅊ, ㅌ |
|---|---|
| 모음자 | ㅏ, ㅓ, ㅕ, ㅛ, ㅠ, ㅣ |

**1** 이 그림에 숨어 있는 모음자가 <u>아닌</u> 것은 무엇
이해   인가요? (        )

① ㅏ            ② ㅗ

③ ㅛ            ④ ㅠ

⑤ ㅣ

**3** 이 그림에 숨어 있는 자음자와 모음자로 만들
적용   수 있는 낱말은 무엇인가요? (        )

① 가지            ② 다리

③ 보라            ④ 머리띠

⑤ 소나무

**2** 그림에 숨어 있는 자음자를 찾아 ○표 하세요.
이해

(1)

( ㄹ , ㅁ )

(2)

( ㄸ , ㅌ )

(3)

( ㄱ , ㄴ )

(4)

( ㅉ , ㅊ )

**4** 다음 그림에서 자음자를 모두 찾아 쓰세요.
이해

(                    )

# 글자에서 자음자와 모음자 찾기

• 정답 3쪽

▶ 글자에서 자음자와 모음자의 위치 알기

→ '오이'에서 자음자는 왼쪽이나 위쪽에 있고, 모음자는 오른쪽이나 아래쪽에 있습니다.

**5** 이해 '우리 시장'에서 팔지 <u>않는</u> 물건은 어느 것인가요? ( )

① 게     ② 사과     ③ 감자
④ 배추     ⑤ 고구마

★
**6** 이해 모음자가 자음자의 오른쪽에 있는 글자에 ○표 하세요.

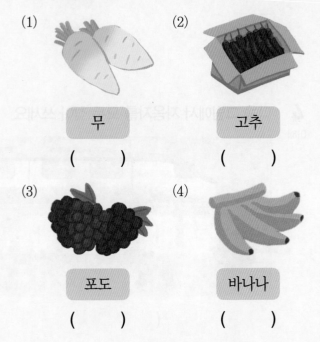

(1) 무 ( )
(2) 고추 ( )
(3) 포도 ( )
(4) 바나나 ( )

**7** 적용 다음 글자에서 자음자와 모음자를 모두 찾아 쓰세요.

| 새우 |
|---|

(1) 자음자: (     ,     )
(2) 모음자: (     ,     )

국어 활동
**8** 적용 다음 자음자와 모음자로 만들 수 있는 글자를 쓰세요.

(1) ㅋ / ㅗ → ◯
(2) ㅈ / ㅏ → ◯

**9** 글자의 짜임을 생각하며 빈칸에 알맞은 자음
이해  자와 모음자를 쓰세요.

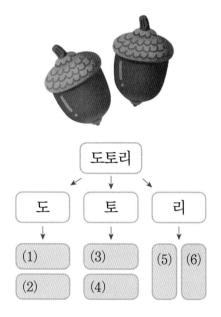

```
            도토리
      ↓       ↓       ↘
     도      토       리
      ↓       ↓            ↓
    (1)     (3)      (5) (6)
    (2)     (4)
```

| 10~11 | 다음 표를 보고, 물음에 답하세요.

| 모음자<br>자음자 | ㅏ | ㅑ | ㅓ | ㅕ | ㅗ | ㅛ | ㅜ | ㅠ | ㅡ | ㅣ |
|---|---|---|---|---|---|---|---|---|---|---|
| ㄱ | 가 | 갸 | 거 | 겨 | 고 | 교 | 구 | 규 | 그 | 기 |
| ㄴ | 나 | 냐 | 너 | 녀 | 노 | 뇨 | 누 | 뉴 | 느 | 니 |
| ㄷ | 다 | 댜 | 더 | 뎌 | 도 | 됴 | 두 | 듀 | 드 | 디 |
| ㄹ | 라 | 랴 | 러 | 려 | 로 | 료 | 루 | 류 | 르 | 리 |
| ㅁ | 마 | 먀 | 머 | 며 | 모 | 묘 | 무 | 뮤 | 므 | 미 |
| ㅂ | 바 | 뱌 | 버 | 벼 | 보 | 뵤 | 부 | 뷰 | 브 | 비 |
| ㅅ | 사 | 샤 | 서 | 셔 | 소 | 쇼 | 수 | 슈 | 스 | 시 |
| ㅇ | 아 | 야 | 어 | 여 | 오 | 요 | 우 | 유 | 으 | 이 |
| ㅈ | 자 | 쟈 | 저 | 져 | 조 | 죠 | 주 | 쥬 | 즈 | 지 |
| ㅊ | 차 | 챠 | 처 | 쳐 | 초 | 쵸 | 추 | 츄 | 츠 | 치 |
| ㅋ | ㉠ | 캬 | 커 | 켜 | 코 | 쿄 | 쿠 | 큐 | 크 | 키 |
| ㅌ | 타 | 탸 | 터 | 텨 | 토 | 툐 | 투 | 튜 | 트 | 티 |
| ㅍ | 파 | 퍄 | 퍼 | 펴 | 포 | 표 | 푸 | 퓨 | 프 | 피 |
| ㅎ | 하 | 햐 | 허 | 혀 | 호 | 효 | 후 | 휴 | 흐 | 히 |

서술형

**10** ㉠에 들어갈 글자는 어떤 소리가 나는지 쓰세
추론  요.

• ‘　　’와/과 ‘　　’이/가 만나면 ‘카’ 소리
가 납니다.

도움말  표에서 ㉠의 가로줄에 있는 자음자와 세로줄에 있는 모음
자가 만나 어떤 글자가 되는지 생각해 보아요.

★
**11** 표에서 글자를 찾아 그림에 알맞은 낱말을 완
이해  성하세요.

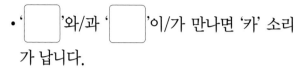

| | | 부 |
|---|---|---|
| | | |

디지털 문해력

**12** 낱말의 짜임을 생각하며, 다음 누리 소통망 글
적용  의 빈칸에 들어갈 알맞은 내용에 ○표 하세요.

⚫ 미나 　　　　　　　　　　　 ⋯

오늘 글자와 낱말의 짜임에 대해 배웠어요.
그림의 낱말은 [　　　　　　　　]

♥ ◯ ◁ 　　　　　　　　　　　 ⬚

⌂　🔍　⊕　♡　👤

(1) ‘모’와 ‘자’가 만나 ‘모자’가 되었어요.
　　　　　　　　　　　　　　　（　　）

(2) ‘시’와 ‘소’가 만나 ‘시소’가 되었어요.
　　　　　　　　　　　　　　　（　　）

나의 실력에 색칠하세요.

**개념**　바르게 읽고 쓰는 자세 익히기

• 글을 읽을 때에는 책을 두 손으로 잡고, 책과 　눈　의 거리를 알맞게 합니다.

• 글씨를 쓸 때에는 　고 개　를 약간 숙이고, 공책과 눈의 거리를 너무 가깝게 하지 않습니다.

> 책상에 앉을 때에는 허리를 곧게 펴고 다리를 가지런히 모아요.

**개념 확인**　알맞은 것을 고르며 오늘의 개념을 확인해 보세요.

(1) 글을 읽을 때에는 책을 두 손으로 잡고 읽습니다. ( ○ , × )

(2) 글씨를 쓸 때에는 공책과 눈의 거리를 매우 가깝게 합니다. ( ○ , × )

**문해력을 높이는 어휘**

• 오늘 배울 중요 어휘를 따라 쓰며 익혀 보세요.

바 르 다

뜻 모양이 비뚤어지지 않고 반듯하다.

예 바르게 앉아서 책을 읽어요.

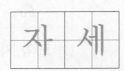
자 세

뜻 몸을 움직이는 모양이나 태도.

예 자세를 똑바로 해요.

손으로 턱을 받치지 않아야 함.

다리를 모아야 함.

고개를 똑바로 들어야 함.

다리를 모아야 함.

책과 눈의 거리가 알맞아야 함.

허리를 곧게 펴고 다리를 모아야 함.

➤ **바르게 글을 읽는 자세**
• 허리를 곧게 펴고, 다리를 모은 자세로 앉아 책을 읽습니다.
• 책을 두 손으로 잡고 읽습니다.
• 책과 눈의 거리를 알맞게 합니다.
• 앉을 때는 엉덩이를 의자 뒤쪽에 붙입니다.

**1** 이해  그림 ❷의 친구는 어떤 자세로 글을 읽고 있나요? (          )

① 책상에 엎드려 있습니다.
② 손으로 턱을 받치고 있습니다.
③ 책을 한 손으로 들고 있습니다.
④ 다리를 모아 가지런히 두었습니다.
⑤ 몸을 앞으로 기울여 책을 가깝게 보고 있습니다.

★
**2** 이해  그림 ❶~❹ 중에서 바른 자세로 글을 읽고 있는 친구를 찾아 번호를 쓰세요.

그림 (                              )

**3** 적용  그림 ❹의 친구에게 해 줄 말에 ○표 하세요.

(1) 책을 한 손으로 잡으면 안 돼.    (          )
(2) 책과 눈의 거리를 알맞게 해야 돼. (          )

서술형
**4** 적용  다음 친구를 보고 바른 자세로 글을 읽는 방법을 쓰세요.

• ☐☐ 을/를 곧게 펴고 다리를 모은 자세로 앉아 책을 두 손으로 잡고 읽습니다.

도움말 그림 속 친구는 바른 자세로 글을 읽고 있습니다. 친구가 어디를 펴고 앉아 있는지 살펴보아요.

# 바른 자세로 글씨 쓰기

• 정답 3쪽

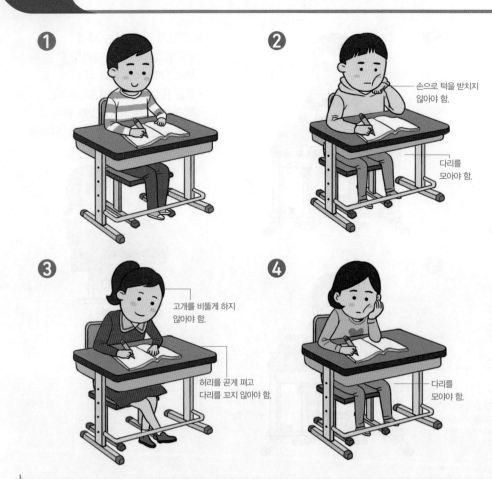

❶

❷ 손으로 턱을 받치지 않아야 함.
다리를 모아야 함.

❸ 고개를 비뚤게 하지 않아야 함.
허리를 곧게 펴고 다리를 꼬지 않아야 함.

❹ 다리를 모아야 함.

**▶ 바르게 글씨를 쓰는 자세**
• 허리를 곧게 펴고, 다리를 가지런하게 모으고 앉습니다.
• 공책을 책상 위에 바르게 놓고, 공책과 눈의 거리를 너무 가깝게 하지 않습니다.
• 고개를 너무 많이 숙이거나 손으로 턱을 받치지 않습니다.
• 글씨를 쓰지 않는 손으로 공책을 누릅니다.

**▶ 연필을 바르게 잡는 방법**

연필을 너무 세우거나 눕히지 않습니다.

연필심에서 약간 위로 올라간 부분을 잡습니다.

---

**5** 이해 다리를 꼬고 앉아 글씨를 쓰는 친구를 찾아 번호를 쓰세요.

그림 (        )

디지털 문해력

**6** 이해 그림 ❷의 친구가 글씨를 쓸 때 잘못한 점을 말한 친구의 이름을 모두 쓰세요.

우리 모둠 이야기방   Q ☰

🧑 하진   다리를 가지런하게 모으지 않았어.

🧑 지수   한 손으로 턱을 받치고 글씨를 썼어.

🧑 연우   오른손으로 연필을 잡고 글씨를 썼어.

(        )

**7** 이해 ⭐ 바른 자세로 글씨를 쓰는 친구에 대한 설명이 <u>아닌</u> 것은 무엇인가요? (     )

① 허리를 곧게 펴고 앉았습니다.
② 다리를 편안하게 벌리고 앉았습니다.
③ 공책과 눈의 거리를 알맞게 하고 있습니다.
④ 연필을 바르게 잡고 글씨를 쓰고 있습니다.
⑤ 글씨를 쓰지 않는 손으로 공책을 누르고 있습니다.

**8** 적용 연필을 바르게 잡으려면 어느 부분을 잡아야 하는지 알맞은 곳의 기호를 쓰세요.

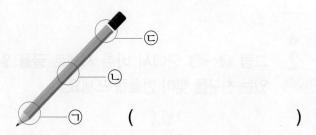

ⓒ
ⓛ
ⓖ

(        )

# 받침이 없는 글자 읽고 쓰기

• 정답 3쪽

**9** 그림에 알맞은 글자를 쓰세요.
이해

(1)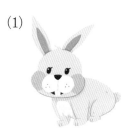

(2)

(3)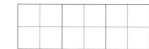

**10** 그림에 알맞은 글자에 ◯표 하세요.
이해

(1)

| 나사 |
| 나샤 |

(2)

| 구기 |
| 고기 |

(3)

| 마스코 |
| 마스크 |

| 11~12 | 다음 그림을 보고, 물음에 답하세요.

**11** 몸의 각 부분의 이름 중에서 자음자가 모음자
이해 의 위쪽에 있는 낱말은 무엇인가요? (          )

① 이                    ② 코
③ 머리                  ④ 이마
⑤ 허리

**12** 보기 에서 자음자와 모음자를 골라 ㉠과 ㉡에
적용 들어갈 알맞은 낱말을 쓰세요.

보기

| ㄷ | ㄹ | ㅇ | ㅍ | ㅎ |
| ㅏ | ㅕ | ㅛ | ㅜ | ㅣ |

(1) ㉠:

(2) ㉡:

**개념** 여러 가지 모음자 알기

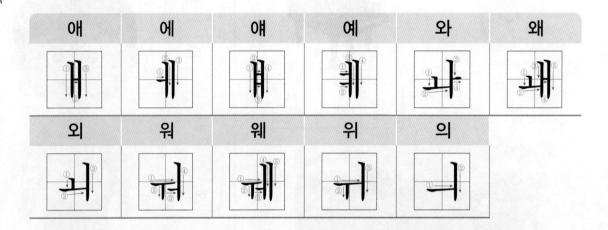

| 애 | 에 | 얘 | 예 | 와 | 왜 |
|---|---|---|---|---|---|

| 외 | 워 | 웨 | 위 | 의 |
|---|---|---|---|---|

**개념 확인** 알맞은 것을 고르며 오늘의 개념을 확인해 보세요.

(1) 모음자 '와'의 이름은 '워'입니다. ( ○ , × )

(2) 모음자 'ㅢ'를 쓸 때에는 가로선을 먼저 씁니다. ( ○ , × )

---

**문해력을 높이는 어휘**

● 오늘 배울 중요 어휘를 따라 쓰며 익혀 보세요.

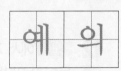
예 의

🟡 뜻 공손한 말투나 바른 행동과 같이 사람이 마땅히 지켜야 할 것.

🟡 예 예의 바르게 인사해요.

이 름

🟡 뜻 다른 것과 구별하기 위해 동물, 사물 등에 붙여서 부르는 말.

🟡 예 이 과일의 이름은 사과예요.

# 여러 가지 모음자 알기

● 정답 4쪽

▶ 모음자 ㅐ, ㅔ

모래     애

그네     에

▶ 모음자 ㅒ, ㅖ

얘기     얘

예의     예

▶ 모음자의 이름을 만드는 방법

모음자 앞이나 위에 자음자 'ㅇ'을 합치면 모음자의 이름이 됩니다.

| 모음자 | | 이름 |
|---|---|---|
| ㅐ → ㅇ+ㅐ → | | 애 |
| ㅔ → ㅇ+ㅔ → | | 에 |

**1**
**단원**
**3**회

얘기 '이야기'의 준말. 어떤 사물이나 사실 등에 대하여 일정한 줄거리를 가지고 하는 말이나 글.

---

서술형

**1** 다음 두 낱말에서 다른 점은 무엇인지 쓰세요.
추론

> 거미       개미

• 두 낱말의 첫 번째 글자에서 모음자가 '　'와 '　'로 서로 다릅니다.

도움말 '거미'의 첫 글자인 '거'와 '개미'의 첫 글자인 '개'에 들어간 모음자가 무엇인지 살펴보아요.

**2** 빈 곳에 들어갈 알맞은 모음자는 무엇인가요?
이해
( 　 )

모 □ 

① ㅏ　　② ㅐ　　③ ㅔ
④ ㅒ　　⑤ ㅖ

**3** 모음자 'ㅐ'가 들어간 낱말에 ○표 하세요.
이해

(1)

배
( 　 )

(2)

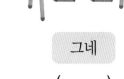

그네
( 　 )

(3)

얘기
( 　 )

(4)

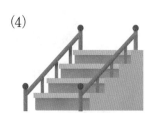

계단
( 　 )

★
**4** 모음자를 쓰는 순서에 맞게 빈칸에 ①~③을 쓰세요.
이해

▶ 모음자 ㅘ, ㅙ, ㅚ

 과자　 와　 돼지　 왜　 참외　 외

▶ 모음자 ㅝ, ㅞ, ㅟ

 병원　 워　 스웨터　 웨　 가위　 위

▶ 모음자 ㅢ

 의사　 의

▶ **여러 가지 모음자가 들어간 낱말**

| | |
|---|---|
| ㅐ | 모래, 배, 새 … |
| ㅔ | 게, 그네, 제비 … |
| ㅒ | 얘기, 얘야 … |
| ㅖ | 계단, 시계, 예의 … |
| ㅘ | 과자, 기와, 사과 … |
| ㅙ | 돼지, 왜, 횃불 … |
| ㅚ | 열쇠, 참외, 최고 … |
| ㅝ | 병원, 월요일, 태권도 … |
| ㅞ | 꿰매다, 스웨터 … |
| ㅟ | 가위, 귀, 바위 … |
| ㅢ | 무늬, 의사, 의자 … |

스웨터 　털실로 두툼하게 짠 윗옷.

---

**5** 다음 두 낱말에 들어간 모음자를 모두 고르세요. (　　　　)
이해

과자　　　　의사

① ㅏ　　　② ㅗ　　　③ ㅣ
④ ㅘ　　　⑤ ㅢ

**6** 모음자와 그 이름이 알맞게 짝 지어진 것은 무엇인가요? (　　　　)
이해

① ㅘ – 의　　　② ㅙ – 왜
③ ㅝ – 웨　　　④ ㅟ – 외
⑤ ㅢ – 이

**7** 모음자를 쓰는 순서가 알맞은 것에 ○표 하세요.
이해

(1) 　　　(2)

(　　)　　　　　(　　)

★
**8** 다음 두 낱말에 모두 들어가는 글자를 쓰세요.
적용

바위　　　　　가위

**9**
적용

 의 자음자와 모음자를 넣어 다음 그림에 어울리는 낱말을 완성하세요.

┌ 보기 ─────────────────┐
│     ㄱ   ㄹ   ㅅ   ㅍ     │
│     ㅏ   ㅗ   ㅣ   ㅡ   ㅔ │
└──────────────────────┘

(1)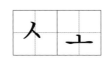

(2)

(3)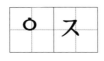

**10**
추론

다음 그림에 해당하는 낱말에 들어간 자음자나 모음자가 <u>아닌</u> 것은 무엇인가요? (       )

① ㄱ        ② ㄴ        ③ ㅇ
④ ㅡ        ⑤ ㅔ

★
**11**
이해

그림을 보고 글자의 짜임에 맞게 낱말을 만든 것에 ○표 하세요.

(1)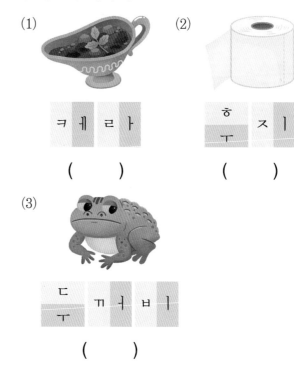

ㅋ ㅔ ㄹ ㅏ

(        )

(2)

ㅎ   ㅈㅣ
ㅜ

(        )

(3)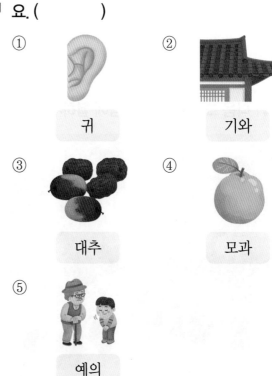

ㄷ   ㄲㅓ ㅂㅣ
ㅜ

(        )

**12**
이해

같은 모음자가 들어간 낱말 두 가지를 고르세요. (            )

①

귀

②

기와

③

대추

④

모과

⑤

예의

|1~2| 다음 그림을 보고, 물음에 답하세요.

**1** 이 그림에 숨어 있는 모음자는 무엇인가요?
( )

① ㅑ     ② ㅓ     ③ ㅗ
④ ㅠ     ⑤ ㅡ

**2** 그림에서 찾은 자음자가 들어간 낱말에 ○표 하세요.

(1) 도시 ( )     (2) 딸기 ( )
(3) 소라 ( )     (4) 포도 ( )

|3~4| 다음 그림을 보고, 물음에 답하세요.

**3** 그림 속 채소 중에서 자음자 'ㄱ'과 모음자 'ㅣ' 가 모두 들어 있는 것을 찾아 쓰세요.
( )

**4** 다음 낱말처럼 각 글자에서 모음자의 위치가 서로 다른 것에 모두 ○표 하세요.

(1)             (2)

가지             오이
( )             ( )

(3)             (4)

배추             고추
( )             ( )

**5** 다음 그림에 어울리는 글자를 만들 때 필요한 자음자나 모음자가 <u>아닌</u> 것은 무엇인가요?
( )

① ㄴ     ② ㅂ     ③ ㄹ
④ ㅏ     ⑤ ㅣ

| 6~7 | 다음 표를 보고, 물음에 답하세요.

| 모음자<br>자음자 | ㅏ | ㅑ | ㅓ | ㅕ | ㅗ | ㅛ | ㅜ | ㅠ | ㅡ | ㅣ |
|---|---|---|---|---|---|---|---|---|---|---|
| ㄱ | 가 | 갸 | 거 | 겨 | 고 | 교 | 구 | 규 | 그 | ㉠ |
| ㄴ | 나 | 냐 | 너 | 녀 | 노 | 뇨 | 누 | 뉴 | 느 | 니 |
| ㄷ | 다 | 댜 | ㉡ | 뎌 | 도 | 됴 | 두 | 듀 | 드 | 디 |
| ㄹ | 라 | 랴 | 러 | 려 | 로 | 료 | 루 | 류 | 르 | 리 |
| ㅁ | 마 | 먀 | 머 | 며 | ㉢ | 묘 | 무 | 뮤 | 므 | 미 |
| ㅂ | 바 | 뱌 | 버 | 벼 | 보 | 뵤 | 부 | 뷰 | 브 | 비 |
| ㅅ | ㉣ | 샤 | 서 | 셔 | 소 | 쇼 | 수 | 슈 | 스 | 시 |
| ㅇ | 아 | 야 | 어 | 여 | 오 | 요 | 우 | ㉤ | 으 | 이 |

**6** ㉠~㉤에 들어갈 글자로 알맞은 것은 무엇인가요? (     )

① ㉠ – 키          ② ㉡ – 더
③ ㉢ – 보          ④ ㉣ – 저
⑤ ㉤ – 휴

**7** 이 표에 있는 글자로 만들 수 있는 낱말을 두 가지 고르세요. (     )

① 두부          ② 모자
③ 시소          ④ 타조
⑤ 파도

**8** 다음 그림에 알맞은 낱말에 ○표 하세요.

(1) 요리          (     )
(2) 우리          (     )
(3) 유리          (     )

서술형

**9** 다음 친구가 글을 읽는 자세에서 고쳐야 할 점을 쓰세요.

• 손으로 턱을 [          ], 다리를
모은 자세로 앉아야 합니다.

도움말 그림 속 친구가 왼손을 어떻게 하고 있는지 살펴보세요.

**10** 글을 읽는 자세가 바른 친구에 ○표 하세요.

(1)          (2)

(     )          (     )

**11** 글씨를 쓰는 바른 자세가 <u>아닌</u> 것은 무엇인가요? (     )

① 허리를 곧게 펴고 앉습니다.
② 다리를 가지런하게 모으고 앉습니다.
③ 글씨를 쓰지 않는 손으로 공책을 누릅니다.
④ 공책과 눈의 거리를 너무 가깝게 하지 않습니다.
⑤ 고개를 최대한 숙이고 가슴을 책상에 붙이고 앉습니다.

**12** 몸의 각 부분을 나타내는 낱말이 바르게 쓰인 것은 무엇인가요? (        )

① 이머  ② 마리  ③ 쿄  ④ 이  ⑤ 허

**13** 모음자를 쓰는 순서가 알맞지 <u>않은</u> 것은 무엇 인가요? (        )

① ㅒ  ② ㅖ  ③ ㅘ  ④ ㅝ  ⑤ ㅖ

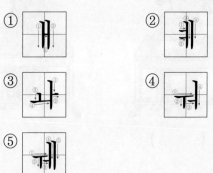

**14** 모음자 'ㅙ'가 들어간 낱말을 두 가지 고르세 요. (        )

① 돼지  ② 그네
③ 괴물  ④ 과자
⑤ 왜가리

**15** 다음 그림을 보고, 물음에 답하세요.

㉠조개  ㉡새우  ㉢게

**1 단계** ㉠~㉢의 짜임을 생각하여 빈칸에 알맞은 자음자와 모음자를 쓰세요.

(1) ㉠: ㅈ / ㅐ

(2) ㉡: ㅐ / ㅇ

(3) ㉢: ㅔ

> **도움말** 자음자는 글자의 왼쪽이나 위쪽에 쓰고, 모음자는 글자의 오른쪽이나 아래쪽에 써요.

**2 단계** ㉠과 ㉡에 모두 들어가는 모음자를 쓰고, 그 모음자가 들어간 낱말을 한 가지 쓰세요.

• ㉠과 ㉡에 모두 들어가는 모음자는 '☐'이고, 이 모음자가 들어가는 낱말 에는 ☐ 이/가 있습니다.

> **도움말** ㉠과 ㉡이 어떤 자음자와 모음자로 이루어져 있는지 살펴보세요.

# 알맞은 뜻을 찾아라!

동물 친구들이 들고 있는 깃발에 쓰여 있는 낱말의 뜻을 찾아 선으로 이으세요.

| 글자 | 위치 | 자세 | 바르다 |

① 몸을 움직이는 모양이나 태도.

② 사물이 가지거나 놓인 일정한 자리.

③ 말의 소리나 뜻을 나타내는 데 쓰이는 기호.

④ 모양이 비뚤어지지 않고 반듯하다.

 거꾸로 정답

# 2 받침이 있는 글자를 읽어요

온라인
학습 진도표

● **학습 진도표**

| 회차 | 백점 쪽수 | 오늘 학습할 내용 | 학습 주제 |
|---|---|---|---|
| 1 | 46~49쪽 | 개념+어휘+교과서 지문 | 받침이 있는 글자 / 받침이 있는 글자의 짜임 알기 / 받침이 있는 글자 읽기 |
| 2 | 50~53쪽 | 개념+어휘+교과서 지문 | ㄱ, ㅋ, ㄴ 받침이 있는 낱말 / ㄷ, ㅅ, ㅈ, ㅊ, ㅌ, ㅎ 받침이 있는 낱말 / ㄹ, ㅁ, ㅂ, ㅍ, ㅇ 받침이 있는 낱말 |
| 3 | 54~57쪽 | 개념+어휘+교과서 지문 | 바른 자세로 발표하기 / 다른 사람의 말을 집중해 듣기 / 마무리하기 |
| 4 | 58~61쪽 | 대단원 평가+낱말 놀이터 | |

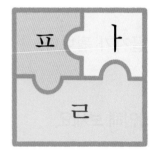

**받침** 있는 글자의
짜임을 배워요.

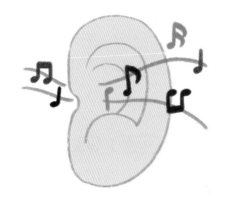

받침 있는 낱말을
**소리** 내어 읽고 써요.

바른 자세로
**발표**해요.

다른 사람의 말을
**집중**해 들어요.

**개념** 받침이 있는 글자의 짜임

• 받침은 글자 | 아 | 래 | 쪽 | 에 있는 자음자입니다.

받침에는 여러 가지 자음자를 사용할 수 있어요.

• 글자에 | 받 | 침 | 을 더하면 새로운 글자가 됩니다.

**개념 확인** 알맞은 것을 고르며 오늘의 개념을 확인해 보세요.

(1) 받침은 글자 위쪽에 있는 자음자입니다. ( ○ , × )

(2) 글자에 받침을 더하면 새로운 글자를 만들 수 있습니다. ( ○ , × )

---

**문해력을 높이는 어휘**

• 오늘 배울 중요 어휘를 따라 쓰며 익혀 보세요.

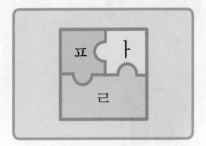

받 침

뜻 글자 아래쪽에 있는 자음자.

예 '파'에 ㄹ 받침을 더하면 '팔'이 되어요.

만 들 다

뜻 힘과 기술을 들여 새로 생기게 하다.

예 블럭을 쌓아 로봇을 만들어요.

# 받침이 있는 글자

● 정답 5쪽

▸ 받침이 없는 글자와 받침이 있는 글자

· 받침이 없는 글자는 자음자와 모음자로 이루어져 있습니다.

| 사자 |
|---|

↓

| ㅅ | ㅏ | ㅈ | ㅏ |
|---|---|---|---|

· 받침이 있는 글자는 자음자와 모음자 아래쪽에 자음자가 있습니다.

| 상장 |
|---|

↓

| ㅅ | ㅏ | ㅈ | ㅏ |
|---|---|---|---|
| ㅇ | | ㅇ | |

상장 상을 주는 뜻을 나타내어 주는 문서.

**1** 이해 그림 **①**에서 글자 '사자'를 만들 때 필요한 자음자와 모음자를 모두 찾아 쓰세요.

☐ , ☐ , ☐ , ☐

**2** 이해 그림 **②**에서 '상장'의 받침으로 쓰인 자음자를 모두 찾아 쓰세요.

☐ , ☐

**서술형**

**3** 추론 '사자'와 '상장'의 다른 점은 무엇인지 쓰세요.

· '☐ ☐'는 받침이 없는 글자이고, '☐

☐'은 받침이 있는 글자입니다.

도움말 '사'와 '자'에 ㅇ 받침을 각각 붙이면 '상'과 '장'이 되어요.

**★**
**4** 적용 다음 그림을 보고 글자 아래쪽에 들어갈 알맞은 받침을 쓰세요.

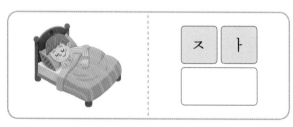

| ㅈ | ㅏ |
|---|---|
| | |

**5** 추론 다음 그림을 보고 바른 자세로 듣고 있는 친구 두 명의 번호를 쓰세요.

친구 (                    )

# 받침이 있는 글자의 짜임 알기

• 정답 5쪽

▶ 받침이 있는 글자의 짜임
• 먼저 자음자와 모음자로 글자를 만듭니다.
예 ㅂ+ㅏ → 바
• 자음자와 모음자로 만든 글자 아래쪽에 알맞은 받침을 붙입니다.
예 방, 발

▶ 알맞은 받침을 써야 하는 까닭
• 여러 가지 자음자가 받침으로 쓰일 수 있습니다.
• 받침이 달라지면 글자의 뜻도 달라집니다.

숲  나무들이 우거지거나 꽉 들어찬 것.

**6**
이해
그림에 나온 글자들에서 받침으로 쓰이지 않은 자음자는 무엇인가요? (        )

① ㄱ    ② ㄷ    ③ ㅁ
④ ㅂ    ⑤ ㅎ

★
**7**
적용
다음 글자의 짜임을 보고 ㉠과 ㉡에 들어갈 알맞은 받침을 찾아 선으로 이으세요.

(1)  •    • ㉮ ㄹ

(2)  •    • ㉯ ㅇ

**8**
적용
다음 빈칸에 들어갈 받침과 같은 받침이 들어간 글자를 이 그림에서 찾아 쓰세요.

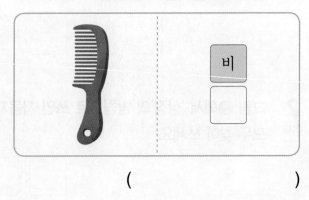

(                                    )

**9**
어휘
다음 글자의 받침을 다른 자음자로 바꾸어서 새로운 글자를 만들어 쓰세요.

문 ➡ (                              )

**10** 받침이 있는 낱말에 모두 ○표 하세요.

이해

(1) 해

(    )

(2) 김밥

(    )

(3) 바나나

(    )

(4) 놀이터

(    )

★
**11** 그림에 알맞은 글자가 되도록 빈 곳에 모두 들

적용 어갈 받침을 보기 에서 찾아 쓰세요.

┌─보기─────────────────┐
│   ㄴ,   ㄷ,   ㄹ,   ㅂ   │
└──────────────────────┘

다        마        버

(                              )

**12** 그림에 알맞은 글자를 찾아 ○표 하세요.

이해

(1)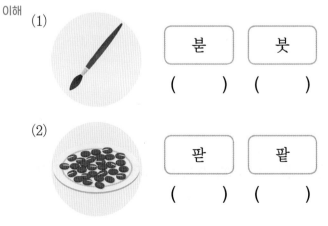

| 붇 | 붓 |

(    ) (    )

(2)

| 팓 | 팥 |

(    ) (    )

|13~15| 다음 그림을 보고, 물음에 답하세요.

좋아하는 ㉠

| 참외 | 수박 |
| 복숭아 | 멜론 |
| 살구 | 오렌지 |

**13** ㉠에 들어갈 알맞은 말은 무엇인가요?

추론

(        )

① 야채        ② 날씨        ③ 친구
④ 과일        ⑤ 놀이

**14** ㄱ 받침이 들어간 낱말을 두 가지만 찾아 쓰

이해 세요.

(                                                      )

**15** 그림 속 글자에서 파란색 자음자는 무엇인지

이해 알맞은 것에 ○표 하세요.

• 글자 ( 위쪽, 아래쪽 )에 들어가는 받침입니다.

**개념** 여러 가지 받침이 있는 글자 읽기

| ㄱ, ㅋ | ㄴ | ㄷ, ㅅ, ㅈ, ㅊ, ㅌ, ㅎ |
|---|---|---|
| 낙타 , 부엌 | 반지, 화분 | 숟가락, 젓가락, 낮잠, 윷, 솥, 파랗다 |

| ㄹ | ㅁ | ㅂ, ㅍ | ㅇ |
|---|---|---|---|
| 달, 발 | 감 , 곰 | 집, 숲 | 장미, 강아지 |

**개념 확인** 알맞은 것을 고르며 오늘의 개념을 확인해 보세요.

(1) '반지', '화분'은 ㄷ 받침이 있는 낱말입니다. ( ○ , × )

(2) '발'에서 받침이 'ㅇ'으로 바뀌면 소리와 뜻이 달라집니다. ( ○ , × )

**문해력을 높이는 어휘**

• 오늘 배울 중요 어휘를 따라 쓰며 익혀 보세요.

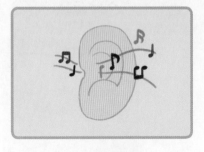

소 리

🟡뜻 귀에 들리는 것.

🟡예 밖에서 시끄러운 소리가 나요.

알 맞 다

🟡뜻 어떤 조건이나 기준에 잘 맞아 넘치거나 모자라지 않은 상태에 있다.

🟡예 상자의 구멍에 들어갈 알맞은 조각을 찾았어요.

# ㄱ, ㅋ, ㄴ 받침이 있는 낱말

• 정답 5쪽

낙 타

독 수 리

부 엌

ㄱ 키 으

반 지

ㄴ 화 부

• 활동 정리

| 받침 | 받침이 있는 낱말 |
|------|------------------|
| ㄱ | 낙타, 독수리 |
| ㅋ | 부엌, 키읔 |
| ㄴ | 반지, 화분, 눈, 산 |

낙타 등에 큰 혹이 하나나 둘 있고, 사막에서 사람이 타거나 짐을 나르는 데 쓰는 동물.

2 단원
2회

---

**1** 낱말 '낙타'와 '독수리'의 같은 점으로 알맞은 것에 ○표 하세요.

이해

(1) 받침이 없는 낱말입니다. ( )

(2) ㄱ 받침이 있는 낱말입니다. ( )

(3) 세 개의 소리마디로 된 낱말입니다.
( )

**2** 다음 그림에 어울리는 낱말이 되도록 빈 곳에 알맞은 받침을 쓰세요.

적용

(1)
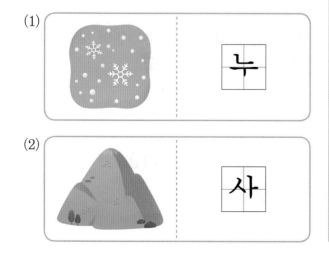
누

(2)
사

**3** ㄱ과 ㄴ의 빈 곳에 들어갈 알맞은 받침을 써서 낱말을 완성하세요.

추론

(1) ㄱ 키 으  (2) ㄴ 화 부

**4** 다음 문자 메시지에서 잘못된 동생의 말을 바르게 고쳐 쓰세요.

적용

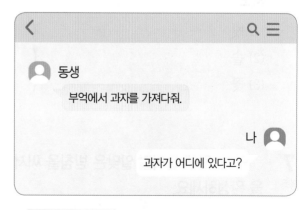

동생

부억에서 과자를 가져다줘.

나

과자가 어디에 있다고?

•  [    ] 에서 과자를 가져다줘.

# ㄷ, ㅅ, ㅈ, ㅊ, ㅌ, ㅎ 받침이 있는 낱말

• 정답 5쪽

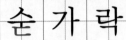
숟 가 락

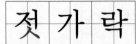
젓 가 락

㉠ 고 감

윷

솥

파 랗 다

• 활동 정리

| 받침 | 받침이 있는 낱말 |
|------|------------------|
| ㄷ | 숟가락, 돋보기 |
| ㅅ | 빗, 젓가락 |
| ㅈ | 곶감, 낮잠 |
| ㅊ | 윷, 꽃 |
| ㅌ | 솥, 팥죽 |
| ㅎ | 파랗다, 놓다 |

윷  나무를 반씩 쪼개어 네 쪽으로 만든 것. 윷놀이에 쓴다.
솥  밥을 짓거나 국 따위를 끓이는 그릇.

---

**5** 이해
같은 받침이 있는 낱말끼리 선으로 이으세요.

(1) 숟가락 •

• ㉮ 놓다

(2) 파랗다 •

• ㉯ 돋보기

**6** 이해
'젓가락'과 같은 받침이 있는 글자에 ○표 하세요.

(1) 빗          (    )

(2) 솥          (    )

(3) 꽃          (    )

**7** 적용
㉠의 빈 곳에 들어갈 알맞은 받침을 써서 낱말을 완성하세요.

고 감

---

**8** 적용
다음 낱말의 짜임을 생각하며 빈칸에 알맞게 자음자와 모음자를 써 넣으세요.

ㅇ

(1) 윷 ➡ [ ][ ]

(2) 솥 ➡ [ ] ㅗ [ ]

서술형

**9** 추론
다음 글자를 소리 내어 읽어 보고, 받침과 소리가 어떠한지 쓰세요.

닫,  닷,  닺,  닿

• 받침은 서로 다르지만, [ ][ ]는 같습니다.

도움말 받침은 ㄷ, ㅅ, ㅊ, ㅎ으로 서로 다르지만, 소리는 모두 [닫]으로 나요.

# ㄹ, ㅁ, ㅂ, ㅍ, ㅇ 받침이 있는 낱말

• 정답 5쪽

발  ㉠감  집

숲  장미

• 활동 정리

| 받침 | 받침이 있는 낱말 |
|---|---|
| ㄹ | 물, 열쇠, 달, 발 |
| ㅁ | 감, 곰, 솜, 꿈 |
| ㅂ | 집, 구급차 |
| ㅍ | 숲, 무릎 |
| ㅇ | 장미, 강아지, 강, 공 |

**10** '발'과 같은 받침이 있는 낱말에 ○표, 다른 받
이해  침이 있는 낱말에 ×표 하세요.

(1) 달 ( )

(2) 꿈 ( )

(3) 물 ( )

**11** 읽을 때 '숲'과 소리가 같은 글자는 무엇인가
추론  요? ( )

① 술  ② 슘  ③ 숩

④ 숭  ⑤ 숙

**12** ㉠'감'을 '강'으로 바꾸려면, 받침을 어떻게 바
적용  꾸어야 할지 써 보세요.

• ㅁ 받침 ➡ [  ] 받침

**13** 그림과 어울리는 낱말이 되도록 받침을 알맞
적용  게 고쳐 쓰세요.

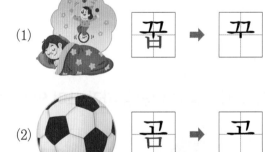

(1) 꿉 ➡ 꾸

(2) 곰 ➡ 고

**14** 다음 받침이 들어가는 글자를 떠올려 한 가지
적용  씩 써 보세요.

(1) [ㄹ] ➡ ( )

(2) [ㅁ] ➡ ( )

**개념** 바른 자세로 발표하기

• 눈은 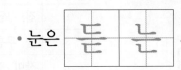 사람을 바라봅니다.

바른 자세로 발표하면 내용을 잘 전할 수 있어요.

• 알맞은 크기의  로 또박또박 말합니다.

• 허리를 곧게 세웁니다.

• 손은 자연스럽게 내리고, 다리는 어깨너비만큼 자연스럽게 벌립니다.

**개념 확인** 알맞은 것에 ○표 하며 오늘의 개념을 확인해 보세요.

(1) 발표할 때에 눈은 바닥을 바라보아야 합니다. ( ○ , × )

(2) 발표할 때에는 알맞은 크기의 목소리로 말합니다. ( ○ , × )

**문해력을 높이는 어휘**

• 오늘 배울 중요 어휘를 따라 쓰며 익혀 보세요.

뜻 공식적으로 여러 사람에게 널리 알리는 것.

예 친구들 앞에서 내 생각을 발표했어요.

뜻 한 가지 일에 모든 힘을 쏟아부음.

예 선생님의 말씀을 집중해서 들어요.

# 바른 자세로 발표하기

• 정답 6쪽

**• 활동 정리**

| 친구 ❶ | 딴 곳을 바라보며 발표하고 있음. |
|---|---|
| 친구 ❷ | 바른 자세로 발표하고 있음. |
| 친구 ❸ | 삐딱하게 서서 발표하고 있음. |

**▶ 바른 자세로 발표하기**
• 눈은 듣는 사람을 바라봅니다.
• 알맞은 크기의 목소리로 또박또박 말합니다.
• 허리를 곧게 세웁니다.
• 손은 자연스럽게 내립니다.
• 다리를 어깨너비만큼 자연스럽게 벌립니다.

**★ 1** 친구 ❷의 발표 자세로 알맞지 <u>않은</u> 것은 무엇 인가요? (        )
이해

① 듣는 사람을 바라봅니다.
② 허리를 곧게 세웠습니다.
③ 화난 표정을 짓고 있습니다.
④ 손은 자연스럽게 내렸습니다.
⑤ 다리는 어깨너비만큼 자연스럽게 벌리고 섰습니다.

**2** 친구 ❶과 ❸의 발표 자세에서 잘못된 점은 무 엇인지 각각 선으로 이으세요.
이해

(1) 친구 ❶ •

(2) 친구 ❸ •

• ㉮ 삐딱하게 서서 발표합니다.

• ㉯ 딴 곳을 바라보 며 발표합니다.

**3** 다음 문자 메시지를 보고 수지에게 해 줄 말로 알맞은 것에 ○표 하세요.
적용

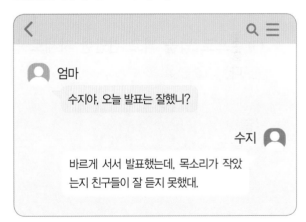

**엄마**
수지야, 오늘 발표는 잘했니?

수지
바르게 서서 발표했는데, 목소리가 작았는지 친구들이 잘 듣지 못했대.

• 수지야, 다음에 발표를 할 때에는 ( 허리를 곧게 세우고 / 알맞은 크기의 목소리로 ) 말해 봐.

**4** '발표'의 뜻으로 알맞은 것에 ○표 하세요.
어휘

(1) 한 가지 일에 모든 힘을 쏟아부음. (        )
(2) 공식적으로 여러 사람에게 널리 알리는 것. (        )

# 다른 사람의 말을 집중해 듣기

• 정답 6쪽

▶ 집중해 들을 때의 바른 자세
• 허리를 등받이에 붙이고 앉습니다.
• 손을 허벅지나 책상 위에 자연스럽게 놓습니다.
• 다리를 가지런히 합니다.
• 말하는 사람을 바라보며 듣습니다.
• 말하는 사람이 하는 말을 귀 기울여 듣습니다.

▶ 바른 자세로 집중해 들을 때의 좋은 점
• 중요한 내용을 빠뜨리지 않고 들을 수 있습니다.
• 다른 사람의 말을 잘 이해할 수 있습니다.

---

**5** 이해
다른 사람의 말을 들을 때의 바른 자세에 모두 ○표 하세요.

(1) 말하는 사람을 바라보며 듣습니다.
(     )

(2) 허리를 등받이에 붙이고 앉습니다.
(     )

(3) 손으로 턱을 괴고 편안한 자세로 듣습니다.
(     )

**6** 이해
다른 사람의 말을 집중해 들을 때의 좋은 점을 두 가지 고르세요. (       )

① 친구들이 부러워합니다.
② 글씨를 예쁘게 쓸 수 있습니다.
③ 더 재미있는 이야기를 들을 수 있습니다.
④ 다른 사람의 말을 잘 이해할 수 있습니다.
⑤ 중요한 내용을 빠뜨리지 않고 들을 수 있습니다.

---

**국어 활동**

**7** 이해
다른 사람의 말을 집중해 듣기 위해 고쳐야 할 점을 선으로 이으세요.

(1)  •

• ㉮ 다른 곳을 바라보지 않습니다.

(2)  •

• ㉯ 친구와 이야기를 하지 않습니다.

---

**서술형** **국어 활동**

**8** 적용
다른 사람의 말을 잘 듣기 위해 다음 친구가 고쳐야 할 점은 무엇인지 빈칸에 알맞게 쓰세요.

• ☐☐를 등받이에 붙이고 앉아야 합니다.

도움말 허리를 구부정하게 굽히고 앉아 있는 친구가 바르게 앉으려면 어떻게 해야 하는지를 써요.

**9** 그림에 알맞은 낱말이 되도록 빈칸에 들어갈
적용 받침을 찾아 ◯표 하세요.

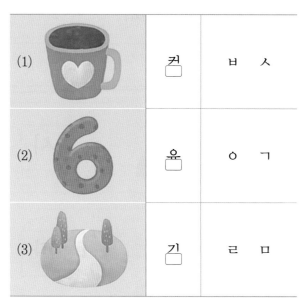

| | | |
|---|---|---|
| (1) | 커[ ] | ㅂ  ㅅ |
| (2) | 유[ ] | ㅇ  ㄱ |
| (3) | 기[ ] | ㄹ  ㅁ |

**10** 보기 에 있는 자음자를 넣어 그림에 알맞은 낱
적용 말을 만드세요.

보기
ㄴ   ㄹ   ㅁ   ㅇ

(1) 기 리

(2) 다 리 기

(3) 보 르 달

|11~12| **다음 시를 읽고, 물음에 답하세요.**

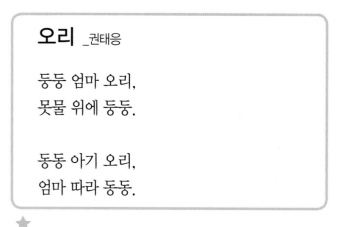

오리 _권태응

둥둥 엄마 오리,
못물 위에 둥둥.

동동 아기 오리,
엄마 따라 동동.

★
**11** 이 시에서 받침이 있는 글자에 모두 ◯표 하
이해 세요.

(1) 엄마
( )

(2) 오리
( )

(3) 못물
( )

(4) 아기
( )

어법 더하기

**12** 엄마 오리와 아기 오리가 못물에 떠 있는 모습
적용 이 어떠한지 흉내 내는 말을 찾아 글자의 짜임
에 맞게 쓰세요.

(1) 엄마 오리

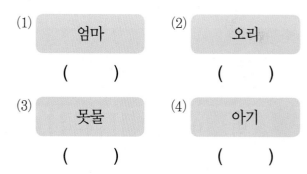

ㄷ
　　ㅜ

(2) 아기 오리

ㄷ
　　ㅗ

어법 더하기 ➕ **받침이 있는 글자의 짜임**

자음자와 모음자로 이루어진 글자 아래쪽에 자
음자를 넣으면 받침이 있는 글자가 됩니다. 글자
아래쪽에 받침을 더하면 새로운 글자가 됩니다.

나의 실력에 색칠하세요.

😄  🙂  😣

**1** 왼쪽 그림의 낱말에 알맞은 받침을 더하여 오른쪽 그림의 낱말을 만드세요.

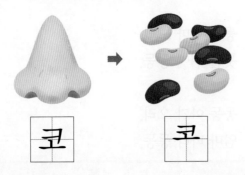

코　→　코

| 2~3 | 다음 그림을 보고, 물음에 답하세요.

집
벽　방
옷
벌
문

**2** 다음 받침이 있는 낱말 중 이 그림에 나타나 있지 **않은** 것은 무엇인가요? (　　　)

① 벽　　② 집　　③ 벌
④ 옷　　⑤ 잠

**3** 이 그림에서 찾을 수 있는 받침이 있는 낱말을 넣어 다음 문장을 완성하세요.

• ☐ 이 닫혀 있습니다.

**4** 빈 곳에 들어갈 알맞은 받침을 →보기 에서 찾아 글자를 완성하세요.

┌─보기─────────────┐
│　ㄱ　ㄴ　ㄹ　ㅁ　ㅂ　│
└──────────────────┘

(1)
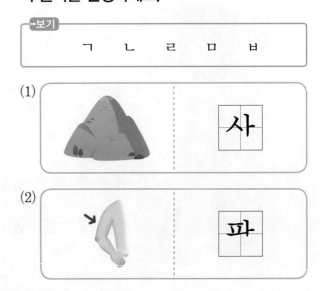
사

(2)
파

**서술형**

**5** 글자 '무'를 '물'로 바꾸려면 어떻게 해야 하는지 쓰세요.

• 글자 '☐' 아래쪽에 ☐ 받침을 씁니다.

도움말 글자 '무'는 받침이 없고, 글자 '물'은 받침이 있는 글자예요.

**6** 다음 글자의 빈칸에 들어갈 받침으로 알맞은 것은 무엇인가요? (　　　)

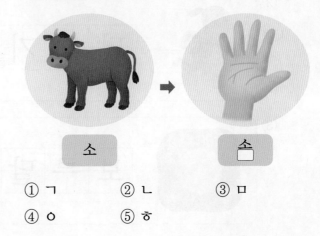

소　→　소

① ㄱ　　② ㄴ　　③ ㅁ
④ ㅇ　　⑤ ㅎ

**7** 다음 그림에 알맞은 낱말을 찾아 ○표 하세요.

(1)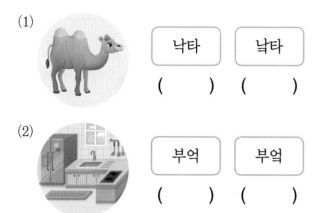

| 낙타 | 낙타 |
|:---:|:---:|
| ( ) | ( ) |

(2)

| 부억 | 부엌 |
|:---:|:---:|
| ( ) | ( ) |

**8** 다음 빈칸에 들어갈 알맞은 받침을 찾아 선으로 이으세요.

(1) 저가락 •

• ㉮ ㄷ

(2) 돋보기 •

• ㉯ ㅅ

**9** 빈 곳에 알맞은 받침을 써서 다음 그림에 어울리는 낱말을 완성하세요.

꼬

**10** 잘못 쓴 글자를 바르게 고쳐 쓰세요.

(1)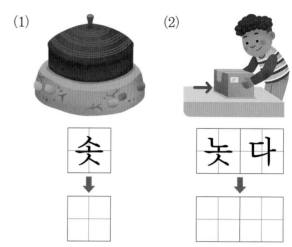

숫 → ▢

(2)

놋 다 → ▢▢

**11** ㅂ 받침이 있는 낱말을 모두 찾아 색칠하세요.

| 장미 | 물 | 무릎 |
|:---:|:---:|:---:|
| 달 | 강아지 | 집 |
| 구급차 | 꿈 | 솜 |

**12** 들을 때의 바른 자세가 <u>아닌</u> 것은 무엇인가요? ( )

① 다리를 가지런히 합니다.
② 친구와 이야기를 하며 듣습니다.
③ 허리를 등받이에 붙이고 앉습니다.
④ 말하는 사람을 바라보며 듣습니다.
⑤ 말하는 내용을 귀 기울여 듣습니다.

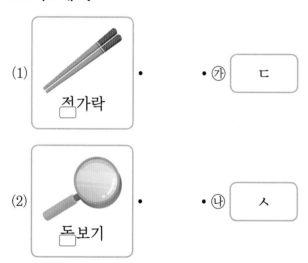

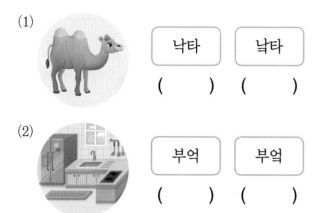

|13~14| 다음 시를 읽고, 물음에 답하세요.

둥둥 엄마 오리,
못물 위에 둥둥.

동동 아기 오리,
엄마 따라 동동.

풍덩 엄마 오리,
못물 속에 풍덩.

퐁당 아기 오리,
엄마 따라 퐁당.

**13** 이 시에서 엄마 오리와 아기 오리의 모습을 알맞게 말한 친구의 이름을 쓰세요.

소연: 엄마 오리를 따라 아기 오리도 못물 위에 떠 있어.
하민: 엄마 오리보다 아기 오리가 빨리 헤엄치고 있어.
준우: 엄마 오리와 아기 오리가 맛있게 밥을 먹고 있어.

(          )

**14** 이 시에서 ㅇ 받침이 있는 낱말 두 가지를 찾아 바르게 쓰세요.

(1)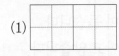

(2)

수행 평가

**15** 다음 그림을 보고, 물음에 답하세요.

**1단계** 바른 자세로 발표하는 친구의 번호를 쓰세요.

친구 (          )

도움말 딴 곳을 바라보거나 삐딱하게 서서 발표하지 않는 친구를 찾아보아요.

**2단계** **1단계**에서 답한 친구의 발표 자세가 바르다고 생각한 까닭을 →보기와 같이 쓰세요.

┌보기
손을 자연스럽게 내리고 있습니다.
└

_____

_____

도움말 발표할 때에는 듣는 사람을 바라보며 허리를 곧게 세워야 해요. 또 손을 자연스럽게 내리고, 다리를 어깨너비만큼 자연스럽게 벌려야 해요.

# 숨어 있는 동물을 찾아라

받침이 있는 낱말에 색칠해서 숨어 있는 동물을 찾으세요.

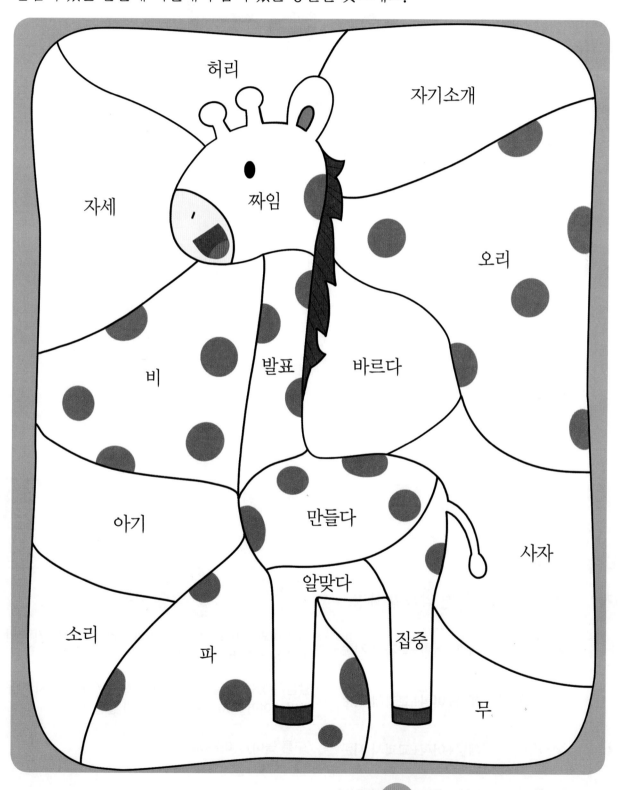

허리
자기소개
자세
짜임
오리
비
발표
바르다
아기
만들다
사자
알맞다
소리
파
집중
무

나의 실력에 색칠하세요.

# 3 낱말과 친해져요

온라인
학습 진도표

## ● 학습 진도표

| 회차 | 백점 쪽수 | 오늘 학습할 내용 | 학습 주제 |
|---|---|---|---|
| 1 | 64~67쪽 | 개념+어휘+교과서 지문 | 「토순이와 엄마의 대화」 / 받침이 있는 글자 쓰기 / 받침이 있는 글자 바르게 쓰기 |
| 2 | 68~71쪽 | 개념+어휘+교과서 지문 | 받침이 있는 낱말 바르게 고쳐 쓰기 / 여러 가지 자음자 알기 / 여러 가지 자음자가 들어간 낱말 쓰기 |
| 3 | 72~75쪽 | 개념+어휘+교과서 지문 | 「구름 놀이」 / 마무리하기 |
| 4 | 76~79쪽 | 대단원 평가+낱말 놀이터 | |

**받침 있는 낱말**을
바르게 써요.

**여러 가지 자음자**가
들어간 낱말을 배워요.

**자신 있게** 낱말을
읽어요.

개념 　글을 읽고 받침이 있는 낱말 쓰기

• 글을 읽고 | 받 | 침 |이 있는 낱말을 찾아봅니다.

• 글자의 | 짜 | 임 |을 생각하며 받침이 있는 낱말을 따라 씁니다.

• 받침이 있는 글자나 낱말을 바르게 썼는지 확인합니다.

개념 확인 　**알맞은 것을 고르며 오늘의 개념을 확인해 보세요.**

(1) 글자의 짜임을 생각하며 받침이 있는 낱말을 씁니다. ( ○ , × )

(2) 여러 가지 낱말 가운데 받침이 없는 글자만 바르게 썼는지 확인합니다.

( ○ , × )

문해력을 높이는 **어휘**

• **오늘 배울 중요 어휘를 따라 쓰며 익혀 보세요.**

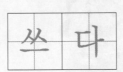
쓰 다

뜻 붓·연필 따위로 글자를 적다.

예 글자를 또박또박 써요.

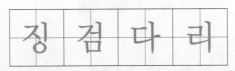
징 검 다 리

뜻 개울에 돌이나 흙더미를 띄엄띄엄 놓아 만든 다리.

예 징검다리를 건너가요.

# 토순이와 엄마의 대화

• 정답 7쪽

엄마께서 좋아하시는 과일

① 엄마는 무슨 과일을 좋아해요?

수박과 청포도를 좋아해.

가족이 좋아하는 과일

② 수바 처포도

• **그림의 특징:** 토순이와 엄마의 대화를 통해 받침이 있는 글자를 정확하게 써야 하는 까닭을 알 수 있습니다.

• **활동 정리**

| 토순이가 겪은 일 |
| --- |
| 토순이가 받침을 빼고 글자를 써서 토순이 엄마가 당황함. |

↓

| 그림을 통해 알 수 있는 점 |
| --- |
| 받침이 있는 글자는 받침을 정확히 써야 무엇을 표현하는지 확실히 알 수 있음. |

**과일** 나무 따위를 가꾸어 얻는, 사람이 먹을 수 있는 열매.
**좋아해요** 특정한 음식 따위를 특별히 잘 먹거나 마셔요.

**3** 단원
**1**회

---

**1** 토순이가 궁금해한 것에 ○표 하세요.
주제

(1) 엄마께서 좋아하시는 계절　　( 　　)

(2) 엄마께서 좋아하시는 과일　　( 　　)

(3) 엄마께서 좋아하시는 색깔　　( 　　)

**3** 토순이가 잘못 쓴 글자를 바르게 고쳐 쓰세요.
적용

(1)
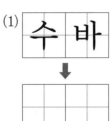

| 수 | 바 |
| --- | --- |

↓

|  |  |
| --- | --- |
|  |  |

(2)

| 처 | 포 | 도 |
| --- | --- | --- |

↓

|  |  |  |
| --- | --- | --- |
|  |  |  |

**2** 그림 ❷에서 토순이 엄마께서 당황하신 까닭
이해 은 무엇인가요? ( 　　)

① 토순이가 그림을 안 그려서

② 토순이가 글자를 너무 작게 써서

③ 토순이가 숫자를 정확하게 쓰지 않아서

④ 토순이가 엄마께서 좋아하시는 과일을 몰라서

⑤ 토순이가 받침이 있는 글자를 정확하게 쓰지 않아서

★
**4** 받침이 있는 글자를 정확하게 써야 하는 까닭
적용 으로 알맞은 것의 기호를 쓰세요.

> ㉠ 무엇을 표현하는지 확실히 알 수 있기 때문입니다.
> ㉡ 생각이나 느낌을 오래 간직할 수 있기 때문입니다.

( 　　　　　　　 )

**5** 풍선 안의 자음자와 모음자로 만들 수 있는 글자가 아닌 것은 무엇인가요? (     )

이해

① 달    ② 밭    ③ 북
④ 알    ⑤ 양

**6** 빈칸에 들어갈 알맞은 글자는 무엇인가요?

적용
(     )

| | | |
|---|---|---|
| | 농 | |
| | 구 | |
| 축 | 구 | |

① 공    ② 서    ③ 소
④ 줄    ⑤ 호

|7~10| 다음 시를 읽고, 물음에 답하세요.

> **다리** _최승호
>
> 다리를 놓자
>
> 다리를 놓자
>
> 다람쥐가 개울 건너가게
> 골짜기나 들에 흐르는 작은 물줄기.
>
> 다리를 놓자
>
> 다리 돌다리 징검다리
> 개울에 돌이나 흙더미를 띄엄띄엄 놓아 만든 다리.
>
> ㉠ 얘들아 고마워
>
> 다람쥐가 다리 위에서 인사하네

**7** 이 시에서 다람쥐는 무엇을 했나요? (     )

이해

① 다람쥐가 물을 마셨습니다.
② 다람쥐가 나무 위로 숨었습니다.
③ 다람쥐가 다리 위에서 인사했습니다.
④ 다람쥐가 동물 친구들을 만났습니다.
⑤ 다람쥐가 돌에 걸려서 넘어졌습니다.

★
**8** 이 시에서 다람쥐가 다리를 놓은 까닭은 무엇인지 쓰세요.

이해

• (                    )을/를 건너가게 하려고.

**9** 이 시에서 다람쥐는 어떤 마음이 들었을까요?

추론
(     )

① 고마운 마음        ② 미안한 마음
③ 속상한 마음        ④ 아쉬운 마음
⑤ 부끄러운 마음

서술형
**10** ㉠에서 받침이 있는 글자를 찾고 그 글자에 어떤 받침이 쓰였는지 쓰세요.

적용

• ' [    ] '에 받침 ' [    ] '이 들어 있습니다.

도움말 아래쪽에 자음자가 들어 있는 글자를 찾아보세요.

# 받침이 있는 글자 바르게 쓰기

• 정답 7쪽

**| 11~12 |** 다음 그림을 보고, 물음에 답하세요.

**11** 【보기】의 자음자와 모음자로 그림에 알맞은 낱
적용 말을 만들어 쓰세요.

┌─ 보기 ─────────────┐
ㄱ    ㄹ    ㅁ    ㅜ    ㅡ
└──────────────────┘

**12** ㉠~㉢에 받침으로 들어갈 알맞은 자음자를
적용 찾아 선으로 이으세요.

(1) ㉠ 치구 •

(2) ㉡ 연피 •

(3) ㉢ 안겨 •

• ㉮ ㄴ

• ㉯ ㅇ

• ㉰ ㄹ

**13** 다음 대화를 보고, 빈칸에 들어갈 바른 낱말에
적용 ◯표 하세요.

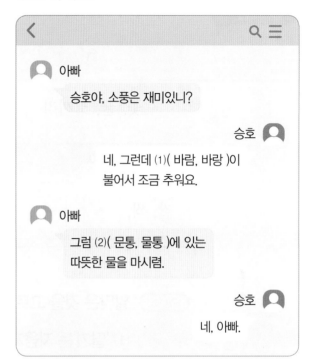

아빠
승호야, 소풍은 재미있니?

승호
네, 그런데 (1)( 바람, 바랑 )이
불어서 조금 추워요.

아빠
그럼 (2)( 문통, 물통 )에 있는
따뜻한 물을 마시렴.

승호
네, 아빠.

**14** 그림과 뜻을 보고 낱말을 바르게 고쳐 쓰세요.
어휘

뜻 꽃을 심어 가꾸는 그릇.

화 분 ➡

**15** 바르게 쓴 낱말은 ◯표, 잘못 쓴 낱말은 ✕표
적용 하세요.

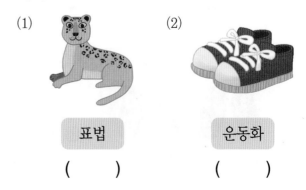

(1) 표법

( )

(2) 운동화

( )

개념 **여러 가지 자음자가 들어간 낱말 알기**

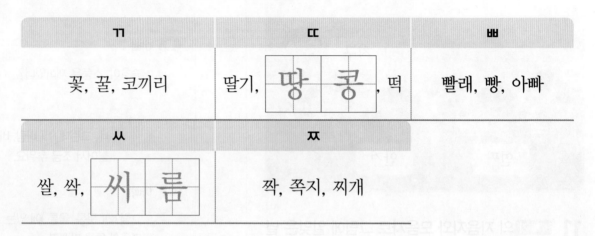

| ㄲ | ㄸ | ㅃ |
|---|---|---|
| 꽃, 꿀, 코끼리 | 딸기, 땅콩, 떡 | 빨래, 빵, 아빠 |

| ㅆ | ㅉ |
|---|---|
| 쌀, 싹, 씨름 | 짝, 쪽지, 찌개 |

개념 확인 **알맞은 것을 고르며 오늘의 개념을 확인해 보세요.**

(1) '딸기'는 자음자 'ㅃ'이 들어간 낱말입니다. ( ○ , × )

(2) '코끼리'는 자음자 'ㄲ'이 들어간 낱말입니다. ( ○ , × )

문해력을 높이는 **어휘**

• 오늘 배울 중요 어휘를 따라 쓰며 익혀 보세요.

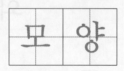
모 양

뜻 겉으로 나타나는 생김새나 모습.

예 찰흙으로 자음자 모양을 만들어요.

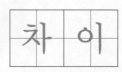
차 이

뜻 서로 같지 아니하고 다름. 또는 그런 정도나 상태.

예 이 신발들의 색깔은 차이가 나요.

# 받침이 있는 낱말 바르게 고쳐 쓰기

• 정답 7쪽

**|1~2|** 다음 그림을 보고, 물음에 답하세요.

**1** 받침 'ㄱ'이 들어간 낱말을 두 가지 고르세요.

적용

( )

① 학교      ② 경찰서

③ 박물관      ④ 보건소

⑤ 소방서

**2** ㉠~㉢에 쓰인 받침에 대하여 알맞게 말하지

적용 **못한** 친구의 이름을 쓰세요.

> 지원: ㉠에는 받침이 있는 글자가 없어.
>
> 상우: ㉠과 ㉢에 모두 쓰인 받침이 있는 글 자는 '학'이야.
>
> 주아: ㉡과 ㉢에 모두 쓰인 받침이 있는 글 자는 '관'이야.

( )

**3** 그림을 보고 빈칸에 알맞은 받침을 넣어 낱말

적용 을 완성하세요.

| 시 | 호 | 등 |
|---|---|---|

★
**4** 받침을 잘못 쓴 낱말을 바르게 고쳐 쓰세요.

적용

(1)       (2)

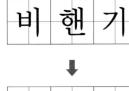

| 비 | 핸 | 기 |
|---|---|---|

↓

|  |  |  |
|---|---|---|

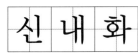

| 신 | 내 | 화 |
|---|---|---|

↓

|  |  |  |
|---|---|---|

**5** 받침을 바르게 쓴 낱말에 ○표 하세요.

어휘

(1) ( 창문, 찬문 ) 좀 열어 주겠니?

(2) ( 국수, 굿수 )를 맛있게 먹어요.

(3) 동생이 ( 장남감, 장난감 )을 가지고 놉니다.

3. 낱말과 친해져요 • **69**

# 여러 가지 자음자 알기

● 정답 7쪽

### ▶ 여러 가지 자음자가 들어간 낱말

| ㄲ | 꽃, 코끼리 |
|---|---|
| ㄸ | 땅콩, 떡 |
| ㅃ | 빨래, 빵 |
| ㅆ | 쌀, 싹 |
| ㅉ | 짝, 찌개 |

### ▶ 자음자 소리의 차이 알기

→ 자음자 'ㄲ', 'ㄸ', 'ㅃ', 'ㅆ', 'ㅉ'은 자음자 'ㄱ', 'ㄷ', 'ㅂ', 'ㅅ', 'ㅈ'보다 힘을 주어서 소리 냅니다.

---

**6** 이해 이 그림에서 찾을 수 있는 자음자가 <u>아닌</u> 것은 무엇인가요? (      )

① ㄲ　　② ㅃ　　③ ㅍ
④ ㅆ　　⑤ ㅉ

★
**7** 추론 ㉠에서 자음자의 모양을 보고 떠올린 낱말로 알맞은 것은 무엇인가요? (      )

① 짝　　② 쌀　　③ 까치
④ 아빠　　⑤ 코끼리

서술형
**8** 적용 그림을 보고 파란색으로 표시한 자음자의 소리가 어떻게 다른지 쓰세요.

굴　　굴

· 자음자 '　　'은 자음자 '　　'보다 힘주어 소리 냅니다.

도움말 자음자를 한 번씩 소리 내어 읽고 소리에 어떤 차이가 있는지 떠올려 보세요.

**9** 적용 그림을 보고 알맞은 자음자를 쓰세요.

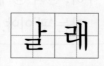

□ 래

# 여러 가지 자음자가 들어간 낱말 쓰기

• 정답 7쪽

**10** 보기에서 다음 자음자가 들어간 낱말을 골라
이해 기호를 쓰세요.

┌─보기─────────────────────┐
│  ㉠ 꽃밭    ㉡ 빨대    ㉢ 딱지  │
└────────────────────────┘

(1) | ㄲ |  ➡ (            )

(2) | ㄸ |  ➡ (            )

(3) | ㅃ |  ➡ (            )

**11** 다음 낱말에 빠져 있는 자음자를 찾아 선으로
적용 이으세요.

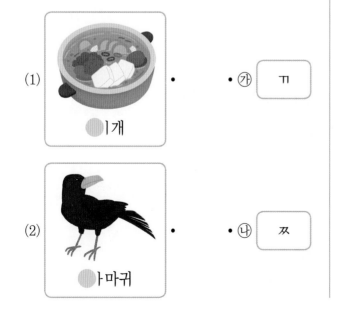

(1) [냄비 그림]
□개  •

•  ㉮ | ㄲ |

(2) [까마귀 그림]
ㅏ마귀  •

•  ㉯ | ㅉ |

**12** 다음 낱말에 모두 들어 있는 자음자의 이름을
이해 쓰세요.

┌────────────────────────┐
│  뻐꾸기    수도꼭지    어깨   │
└────────────────────────┘

(            )

**★**
**13** 다음 사진을 보고 알맞은 낱말을 쓰세요.
적용

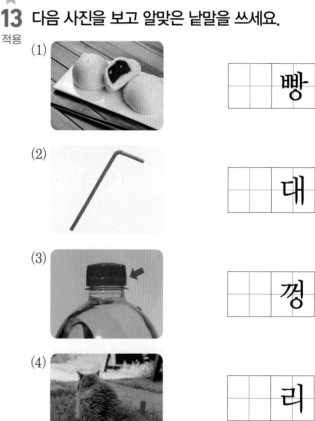

(1) [빵 사진]  | | |빵|

(2) [육각렌치 사진]  | | |대|

(3) [병뚜껑 사진]  | | |껑|

(4) [고양이 사진]  | | |리|

**14** 자음자 'ㅆ'이 들어간 낱말이 아닌 것은 무엇인
이해 가요? (        )

① 쑥          ② 씨름
③ 머리띠       ④ 쓰레기통
⑤ 이쑤시개

나의 실력에 색칠하세요.
😄 🙂 😖

**개념** 자신 있게 낱말 읽기

• 이야기를 읽으며 | 받 | 침 | 이 있는 낱말이나 여러 가지 자음자가 쓰인 낱말을 찾습니다.

• 낱말의 소리, | 모 | 양 | , 뜻을 생각하며 낱말을 소리 내어 읽고 씁니다.

**개념 확인** 알맞은 것을 고르며 오늘의 개념을 확인해 보세요.

(1) 낱말의 소리만 생각하며 낱말을 읽고 씁니다. ( ○ , × )

(2) 자신 있게 낱말을 읽기 위해서는 여러 가지 자음자가 있는 낱말을 소리 내어 읽고 써 봅니다. ( ○ , × )

**문해력을 높이는 어휘**

• 오늘 배울 중요 어휘를 따라 쓰며 익혀 보세요.

| 자 | 신 |

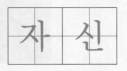

뜻 어떤 일을 할 수 있다고 스스로 믿는 것.

예 자신 있게 책을 읽어요.

| 쫓 | 아 | 가 | 다 |

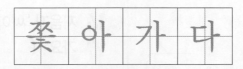

뜻 뒤에서 바짝 따라가다.

예 강아지가 나비를 쫓아가요.

# 구름 놀이 _ 글, 그림: 한태희

● 정답 8쪽

**①** 깡충깡충.

아, 토끼야, 너였구나.

㉠ 내가 언덕을 만들어 줄 테니 쉬었다 가렴.
'ㄲ'이 들어간 낱말

**중심 내용 |** '나'는 토끼에게 손으로 언덕을 만들어 주었습니다.

- **글의 종류:** 이야기
- **글의 특징:** 하늘에 떠 있는 구름의 모양을 보고, 토끼와 호랑이의 이야기를 상상하였습니다.

▶ **여러 가지 자음자가 들어간 낱말 읽기**

| 자음자 'ㄲ'이 들어간 낱말 | 깡충깡충, 토끼 |
|---|---|

깡충깡충 짧은 다리를 모으고 자꾸 힘 있게 솟구쳐 뛰는 모양.
언덕 땅이 비탈지고 조금 높은 곳.

**3**
**단원**
3회

---

**1** 제목과 그림을 보고 이야기의 내용을 알맞게 짐작한 친구의 이름을 쓰세요.
추론

> 지후: 그림을 보니 벽에 비친 그림자로 만든 동물이 등장할 것 같아.
> 민서: 제목이 '구름 놀이'인 것으로 보아 구름의 모양을 보고 상상한 이야기인 것 같아.

( )

**2** '나'는 토끼에게 무엇을 만들어 주었나요?
이해

( )

① 구름  ② 계단
③ 언덕  ④ 사다리
⑤ 무지개

**★**
**3** 이 글에서 다음 뜻에 알맞은 낱말을 찾아 바르게 쓰세요.
어휘

> 뜻 짧은 다리를 모으고 자꾸 힘 있게 솟구쳐 뛰는 모양.

| | | | | | |
|---|---|---|---|---|---|
| | | | | | |

**4** ㉠에서 받침 'ㄹ'이 들어가지 <u>않은</u> 말은 무엇인가요? ( )
적용

① 언덕을  ② 만들어
③ 놀다가  ④ 그렇게
⑤ 줄 테니

❷ 폴짝폴짝!

토끼야, 왜 그렇게 도망가니?
달아나거나 숨음.
좀 더 놀다가 가렴.

**중심 내용** | '나'는 도망가는 토끼에게 조금 더 놀다가 가라고 했습니다.

❸ 어슬렁어슬렁.

아, 호랑이야, 너였구나.
㉠토끼를 ㉡쫓아가면 안 돼.
나랑 같이 놀자.

**중심 내용** | '나'는 호랑이가 토끼를 쫓아가지 못하게 호랑이의 꼬리를 잡았습니다.

• 작품 정리

> '나'는 토끼에게 손으로 언덕을 만들어 줌.
>
> ↓
>
> '나'는 도망가는 토끼에게 조금 더 놀다가 가라고 함.
>
> ↓
>
> '나'는 호랑이가 토끼를 쫓아가지 못하게 꼬리를 잡음.

**폴짝폴짝** 작은 것이 자꾸 세차고 가볍게 뛰어오르는 모양.
**어슬렁어슬렁** 몸집이 큰 사람이나 짐승이 몸을 조금 흔들며 계속 천천히 걸어 다니는 모양.
**쫓아가면** 뒤에서 바짝 따라가면.

---

**5**
이해
구름의 모양에 알맞은 동물 이름을 선으로 이으세요.

(1)  • ⑦ 토끼

(2)  • ④ 호랑이

서술형
**6**
이해
호랑이가 토끼를 쫓아가려고 하자 '나'는 어떻게 했는지 쓰세요.

• 토끼를 쫓아가지 못하게 ▢▢▢

의 ▢▢ 을/를 잡았습니다.

도움말 글과 그림을 함께 살펴보면 '내'가 무엇을 했는지 알 수 있어요.

**7**
어휘
이 글에서 호랑이의 움직임을 나타내는 낱말에 ○표 하세요.

(1) 폴짝폴짝 ( )
(2) 어슬렁어슬렁 ( )

★
**8**
적용
㉠과 ㉡에 대한 설명으로 알맞은 것은 무엇인가요? ( )

① ㉠은 받침이 있는 낱말입니다.
② ㉡은 받침이 없는 낱말입니다.
③ ㉠에는 자음자 'ㅃ'이 쓰였습니다.
④ ㉡에는 자음자 'ㅉ'이 쓰였습니다.
⑤ ㉠과 ㉡ 모두 받침이 있는 낱말입니다.

**9** 다음 낱말에 들어간 받침과 같은 받침이 쓰인 낱말은 무엇인가요? (       )

적용

수박

① 곰　　　　　　② 빨래
③ 여름　　　　　④ 하늘
⑤ 독수리

★
**10** 알맞은 받침을 넣어 낱말을 완성하세요.

적용

(1)

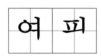
여 피

(2)

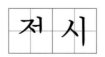
저 시

(3)
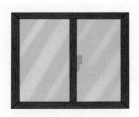
차 무

**11** 왼쪽의 자음자가 들어간 낱말을 찾아 선으로 이으세요.

적용

(1) 　ㅆ　 •

• ㉮

쨍쨍

(2) 　ㅉ　 •

• ㉯

쌩쌩

**12** 다음 그림에 어울리는 낱말에 ○표 하세요.

적용

깡충깡충

뒤뚱뒤뚱

**13** 다음 사진에 알맞은 낱말이 되려면 어떤 글자가 들어가야 할까요? (       )

추론

색 　 이

① 공　　　② 늘　　　③ 름
④ 장　　　⑤ 종

**1** ㉠과 ㉡에 들어갈 글자를 알맞게 짝 지은 것은 무엇인가요? (　　　)

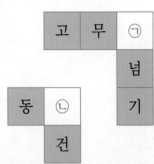

| | ㉠ | ㉡ |
|---|---|---|
| ① | 줄 | 물 |
| ② | 줄 | 면 |
| ③ | 물 | 공 |
| ④ | 물 | 줄 |
| ⑤ | 공 | 줄 |

**2** 받침이 있는 글자를 정확하게 써야 하는 까닭을 알맞게 말한 친구의 이름을 쓰세요.

무엇을 표현하는지 확실히 알 수 있어.

말을 재미있게 할 수 있어.

지원　　　성훈

(　　　　　　　)

**|3~5|** 다음 시를 읽고, 물음에 답하세요.

다리를 놓자
다리를 놓자
다람쥐가 ㉠개울 건너가게
다리를 놓자
다리 ㉡돌다리 징검다리

얘들아 고마워
다람쥐가 다리 위에서 인사하네

**3** 다람쥐가 고맙다고 인사한 까닭에 ◯표 하세요.

(1) 손을 잡아 주었기 때문입니다. (　　　)

(2) 다리를 놓아 주었기 때문입니다. (　　　)

(3) 먼저 인사해 주었기 때문입니다. (　　　)

**4** 받침이 있는 낱말을 두 가지 고르세요.

(　　　　　　)

① 다리　　② 고마워　　③ 얘들아

④ 위에서　　⑤ 다람쥐

서술형

**5** ㉠과 ㉡에 모두 쓰인 받침은 무엇인지 쓰세요.

• ㉠의 '　　　'와/과 ㉡의 '　　　'에 받침

'　　　'이 쓰였습니다.

도움말 받침은 글자의 아래쪽에 있는 자음자예요.

**| 6~7 |** 다음 그림을 보고, 물음에 답하세요.

**6** 지예가 가지고 있는 것은 무엇인가요?

( )

① 책      ② 가방      ③ 물통

④ 연필      ⑤ 우산

**7** 받침을 넣어 ㉠과 ㉡에 알맞은 낱말을 완성하세요.

(1) ㉠:       (2) ㉡:

**8** 다음 낱말을 바르게 고쳐 쓴 것은 무엇인가요? ( )

① 거욱      ② 거울      ③ 거웅

④ 거웆      ⑤ 거윺

**9** 다음 낱말에 모두 들어가는 자음자는 무엇인가요? ( )

딸기      땅콩

① ㄲ      ② ㄸ      ③ ㅃ

④ ㅆ      ⑤ ㅉ

**| 10~11 |** 다음 글을 읽고, 물음에 답하세요.

> 깡충깡충.
>
> 아, ㉠토끼야, 너였구나.
> 내가 언덕을 만들어 줄 테니 쉬었다 가렴.

**10** 이 글에서 토끼의 움직임을 나타내는 낱말을 찾아 쓰세요.

**11** ㉠에 들어간 자음자와 같은 자음자가 쓰인 낱말을 두 가지 고르세요. ( )

① 뿌리      ② 빨대

③ 딱지      ④ 까마귀

⑤ 수도꼭지

|12~14| 다음 글을 읽고, 물음에 답하세요.

> 폴짝폴짝!
>
> 토끼야, 왜 그렇게 도망가니?
> 좀 더 놀다가 가렴.
>
> ┌──────────┐
> │    ㉠    │.
> └──────────┘
>
> 아, 호랑이야, 너였구나.
> 토끼를 ㉡쫓아가면 안 돼.
> 나랑 같이 놀자.

**12** 이 글의 내용으로 알맞은 것은 무엇인가요?
( )

① 호랑이가 '나'를 쫓아갔습니다.
② '나'는 토끼를 보지 못했습니다.
③ 토끼가 호랑이를 쫓아갔습니다.
④ 토끼와 호랑이가 함께 놀았습니다.
⑤ 토끼가 호랑이를 피해 도망갔습니다.

**13** 알맞은 받침을 넣어 ㉠에 들어갈 낱말을 완성하세요.

| 어 | 슬 | 러 | 어 | 슬 | 러 |
|---|---|---|---|---|---|

**14** ㉡의 뜻으로 알맞은 것에 ○표 하세요.
(1) 달아나거나 숨으면. ( )
(2) 뒤에서 바짝 따라가면. ( )

수행평가

**15** 다음 그림을 보고, 물음에 답하세요.

**1 단계** 그림 ❶~❹에 알맞은 낱말을 완성하세요.

(1) 그림 ❶:   (2) 그림 ❷:

(3) 그림 ❸:   (4) 그림 ❹:

> **도움말** 낱말들은 모두 위쪽에 들어가는 자음자가 서로 달라요.

**2 단계** 그림 ❸과 ❹의 낱말을 읽을 때 자음자 소리가 어떻게 다른지 ▸보기 와 같이 쓰세요.

┌─ 보기 ──────────────────┐
│ • 자음자 'ㄲ'은 'ㄱ'보다 힘주어 소리 냅 │
│   니다. │
└───────────────────────┘

• 자음자 '☐'은 자음자 '☐'보다 힘
주어 소리 냅니다.

> **도움말** 그림 ❸과 ❹의 낱말을 큰 소리로 여러 번 읽어 보아요.

# 알맞은 쪽지를 찾아라!

빈칸에 들어갈 알맞은 낱말이 쓰여 있는 쪽지를 찾아 ○표 하세요.

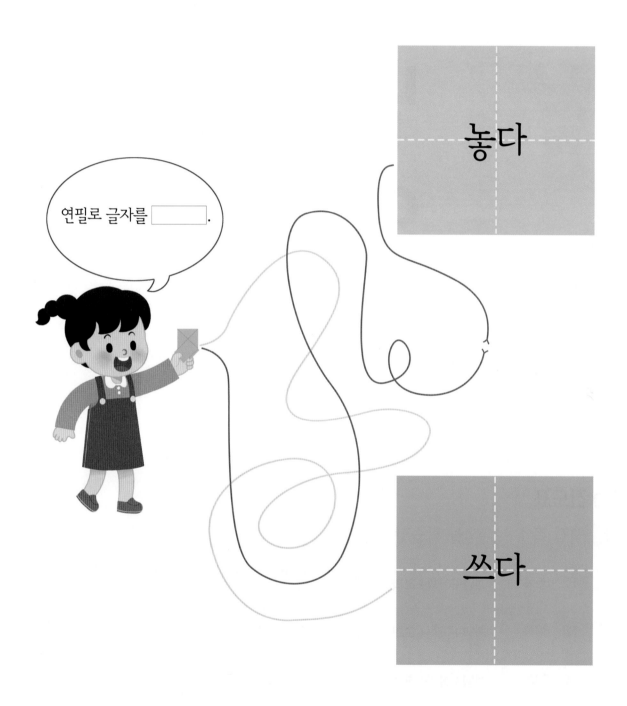

연필로 글자를 ☐ .

놓다

쓰다

나의 실력에 색칠하세요.

😊 🙂 😣

# 4 여러 가지 낱말을 익혀요

온라인
학습 진도표

## ● 학습 진도표

| 회차 | 백점 쪽수 | 오늘 학습할 내용 | 학습 주제 |
|---|---|---|---|
| 1 | 82~85쪽 | 개념+어휘+교과서 지문 | 「공원에서 겪은 일」 / 몸과 관련 있는 낱말 / 가족과 관련 있는 낱말 |
| 2 | 86~89쪽 | 개념+어휘+교과서 지문 | 「맛있는 건 맛있어」 / 몸과 관련 있는 낱말 쓰기 |
| 3 | 90~93쪽 | 개념+어휘+교과서 지문 | 학교와 관련 있는 낱말 / 이웃과 관련 있는 낱말 / 학교와 이웃에 관련된 낱말 쓰기 |
| 4 | 94~97쪽 | 개념+어휘+교과서 지문 | 「학교 가는 길」 / 마무리하기 |
| 5 | 98~101쪽 | 대단원 평가+낱말 놀이터 | |

**몸**과 관련 있는
낱말을 배워요.

**가족**과 관련 있는
낱말을 배워요.

4
단원

**학교**와 관련 있는
낱말을 배워요.

**이웃**과 관련 있는
낱말을 배워요.

**개념** 몸과 관련 있는 낱말을 읽고 쓰기

| 코 | 눈 | 입 | 귀 | 손 |
|---|---|---|---|---|
| 맡다 | 보다 | 먹다 | 듣다 | 만지다 |

**개념 확인** 알맞은 것을 고르며 오늘의 개념을 확인해 보세요.

(1) '맡다'는 '코'와 관련 있는 낱말입니다. ( ○ , × )

(2) '만지다'는 '귀'와 관련 있는 낱말입니다. ( ○ , × )

**문해력을 높이는 어휘**

● 오늘 배울 중요 어휘를 따라 쓰며 익혀 보세요.

뜻 사람이나 동물의 머리에서 발까지의 전체.

예 나는 몸이 튼튼해요.

뜻 결혼이나 부모, 자식, 형제 등의 관계로 이루어진 사람들.

예 가족과 함께 나들이를 가요.

● 정답 9쪽

• **그림의 특징**: 아이들이 현장 체험 학습으로 간 공원에서 꽃을 보고 있는 상황이 나타나 있습니다.

• **활동 정리**

| 그림 ❶ | 남자아이가 꽃의 이름을 궁금해함. |
|---|---|
| 그림 ❷ | 여자아이가 꽃의 이름을 알려 주자 남자아이가 다른 꽃의 이름도 더 알고 싶다고 함. |

➤ **낱말을 많이 알면 좋은 점**
• 자신의 생각을 더 잘 표현할 수 있습니다.
• 책을 읽을 때 어떤 내용의 이야기인지 더 잘 알 수 있습니다.

4
단원
1회

---

**1** 그림에서 아이들이 이야기를 나누는 곳은 어디인가요? ( )

이해

① 공원
② 병원
③ 도서관
④ 수영장
⑤ 운동장

**2** 그림에 나타난 상황으로 알맞은 것은 무엇인가요? ( )

이해

① 아이들이 새로운 나무를 보았습니다.
② 남자아이가 꽃 이름을 궁금해했습니다.
③ 남자아이가 나무 이름을 알지 못했습니다.
④ 여자아이가 꽃 이름을 틀리게 말했습니다.
⑤ 여자아이가 동물 이름을 알지 못했습니다.

**3** 그림에 알맞은 꽃의 이름을 바르게 쓰세요.

적용

| | | | | | |
|---|---|---|---|---|---|
| | | | | | |

**4** 낱말을 많이 알면 좋은 점을 알맞게 말한 친구의 이름을 쓰세요.

적용

지원: 말을 빠르게 할 수 있어.
민우: 책을 읽을 때 어떤 내용의 이야기인지 잘 알 수 있어.

( )

# 몸과 관련 있는 낱말

• 정답 9쪽

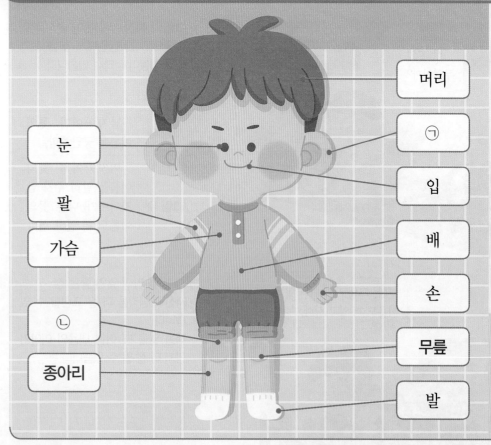

머리

㉠

입

배

손

무릎

발

눈

팔

가슴

㉡

종아리

• **그림의 특징**: 몸과 관련 있는 낱말을 알 수 있는 그림입니다.

• **활동 정리**

| 몸의 부분 | 관련 있는 낱말 |
|---|---|
| 코 | 맡다 |
| 눈 | 보다 |
| 입 | 먹다, 말하다 |
| 귀 | 듣다 |
| 손 | 만지다 |
| 다리 | 걷다 |

**몸** 사람이나 동물의 머리에서 발까지의 전체.
**종아리** 무릎과 발목 사이의 뒷부분.
**무릎** 앉을 때 다리가 접히는 앞부분.

---

**5** 그림 속 낱말들은 무엇과 관련 있는 낱말인가
이해 요? (　　　)

① 몸　　② 집　　③ 교실
④ 동네　　⑤ 학교

**6** ㉠과 ㉡에 들어갈, 몸과 관련 있는 낱말을 쓰
적용 세요.

(1) ㉠:

(2) ㉡:

**7** 그림에 알맞은 낱말을 선으로 이으세요.
이해

(1) ・

(2) ・

・㉮　팔

・㉯　눈

**8** ⎾보기⏌와 같이 관련 있는 낱말끼리 짝 지어진
적용 것이 아닌 것은 무엇인가요? (　　　)

⎾보기⏌

코 – 맡다

① 귀 – 듣다　　② 눈 – 보다
③ 입 – 먹다　　④ 발 – 말하다
⑤ 손 – 만지다

# 가족과 관련 있는 낱말

● 정답 9쪽

• 그림의 특징: 가족과 관련 있는 낱말을 알 수 있는 그림입니다.

▶ 그림 속 가족과 관련 있는 낱말

| 3층 | 할아버지, 할머니 |
|---|---|
| 2층 | 어머니, 형, 누나 |
| 1층 | 아버지, 동생, 언니 |

남자는 자기보다 나이가 많은 형제를 형, 누나라고 부르고, 여자는 오빠, 언니라고 불러요.

**4**
단원
**1**회

가족 결혼이나 부모, 자식, 형제 등의 관계로 이루어진 사람들.

---

**9** 그림에서 할머니는 무엇을 하고 계신가요?
이해                                        (      )

① 책을 읽으십니다.
② 라면을 드십니다.
③ 텔레비전을 보십니다.
④ 형에게 인사를 하십니다.
⑤ 할아버지와 이야기를 나누십니다.

**10** 그림에서 2층에 있는 가족을 모두 고르세요.
이해                                        (      )

① 형              ② 누나
③ 동생            ④ 아버지
⑤ 어머니

**11** '나보다 나이가 어린 아이를 부르는 말'은 무엇
어휘  인지 그림에서 찾아 쓰세요.

(                    )

서술형

**12** 다음 그림을 보고, 빈칸에 들어갈 알맞은 낱말
적용  을 쓰세요.

• 나는 ☐☐☐☐ 와/과 함께 살아요.

도움말 그림에서 '내'가 학교에서 돌아올 때 누가 나왔는지 보고 가족과 관련 있는 낱말을 떠올려 보세요.

나의 실력에 색칠하세요.
😄 🙂 😣

4. 여러 가지 낱말을 익혀요 ·

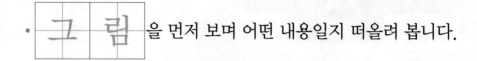
**개념** 그림책을 읽는 방법

· | 그 | 림 |을 먼저 보며 어떤 내용일지 떠올려 봅니다.

· 글과 그림을 주의 깊게 살펴보며 읽습니다.

· 배운 | 낱 | 말 |을 생각하며 다시 한 번 그림책을 읽습니다.

· 그림책에서 읽었던 내용 가운데에서 중요한 내용을 떠올립니다.

**개념 확인** **알맞은 것을 고르며 오늘의 개념을 확인해 보세요.**

(1) 그림책을 읽을 때 그림은 살펴보지 않습니다. ( ○ , × )

(2) 그림책을 읽은 뒤에는 중요한 내용을 떠올립니다. ( ○ , × )

---

**문해력을 높이는 어휘**

· 오늘 배울 중요 어휘를 따라 쓰며 익혀 보세요.

| 인 | 물 |

뜻 일정한 상황에서 어떤 역할을 하는 사람.

예 그림책에 나오는 인물을 살펴보아요.

| 맛 | 있 | 다 |

뜻 음식의 맛이 좋다.

예 케이크가 맛있어요.

# 맛있는 건 맛있어
_ 글: 김양미, 그림: 김효은

• 정답 9쪽

내용 듣기

**①** 새는 감이 맛있나 봐.
새가 좋아하는 음식

아노

아노는 오이를 좋아해.

내 동생 연우는 뭐든지 다 먹고
'무엇이든지'의 준말
싶어 하는데…….

엄마는 배추김치가 맛있대.

아빠는 뜨거운 설렁탕이 맛있대.

중심 내용 | 아노, 엄마, 아빠가 좋아하는 음식이 무엇인지 이야기했습니다.

• **글의 종류**: 그림책
• **글의 특징**: 가족들이 좋아하는 음식의 특징을 재미있게 표현한 그림책입니다.

> 그림책을 읽을 때 글과 그림을 주의 깊게 살펴보며 읽어요.

| | |
|---|---|
| 맛있나 | 음식의 맛이 좋나. |
| 뜨거운 | 어떤 것의 온도가 높은. |
| 설렁탕 | 소의 머리·뼈·내장 등을 물에 푹 고아서 만든 국. |

**1** 오이를 좋아하는 인물은 누구인지 이 글에서 찾아 쓰세요.
이해

( )

**2** 엄마와 아빠께서 좋아하시는 음식을 알맞게 정리한 것은 무엇인가요? ( )
이해

| | 엄마 | 아빠 |
|---|---|---|
| ① | 오이 | 감 |
| ② | 설렁탕 | 오이 |
| ③ | 감 | 설렁탕 |
| ④ | 오이 | 배추김치 |
| ⑤ | 배추김치 | 설렁탕 |

**3** 다음 그림 속 인물은 누구인지 쓰세요.
적용

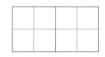

**4** 다음 그림과 가장 어울리는 낱말을 선으로 이으세요.
어휘

배추김치

• ㉮ 뜨겁다

• ㉯ 맛있다

• ㉰ 재밌다

❷ 나는 기다란 스파게티가 맛있어.

후루룩 삼키면 몸 안에 길이 생길 것 같아.

**국수** 먹으면 내 머리도 길어졌으면 좋겠어.
<sub>국수가 길어서</sub>

국수 먹으면 오래 살아?

그럼 할머니랑 친구 되는 거야?

오빠가 좋아하는 피자도 맛있어.

**크리스마스트리** 같아.
<sub>피자의 모양</sub>

**중심 내용 |** '나'와 오빠가 좋아하는 음식의 특징을 이야기했습니다.

### • 작품 정리

| 가족들이 좋아하는 음식 | |
| --- | --- |
| 아노(고양이) | 오이 |
| 엄마 | 배추김치 |
| 아빠 | 설렁탕 |
| 오빠 | 피자 |

**국수** 가루를 반죽하여 가늘고 길게, 칼로 썰거나 기계로 뽑은 먹을거리, 또는 그것으로 만든 음식.

---

**5** '나'는 스파게티를 삼키면 어떻게 될 것 같다고
이해 했나요? (      )

① 몸이 작아질 것 같다고 했습니다.
② 머리가 길어질 것 같다고 했습니다.
③ 옷 색깔이 변할 것 같다고 했습니다.
④ 몸 안에 길이 생길 것 같다고 했습니다.
⑤ 할머니랑 친구가 될 수 있을 것 같다고 했습니다.

⭐
**6** 오빠가 좋아하는 음식에 ○표 하세요.
이해

(1)

피자

(      )

(2)

스파게티

(      )

**7** 이 글과 관련된 경험을 떠올린 친구의 이름을
적용 쓰세요.

> 규호: 나도 크리스마스트리를 만들었던 적이 있어.
> 수민: 내가 좋아하는 자두를 먹었던 기억이 떠올라.

(                    )

디지털 문해력

**8** 다음 게시판을 보고 빈칸에 알맞은 말을 쓰
적용 세요.

**질문 게시판 >>> 궁금해요**

예빈 **여러분이 좋아하는 음식은 무엇인가요?**
자신이 좋아하는 음식의 이름을 써 주세요.

동현 나는 김밥이 맛있습니다.

○○ 나는 (                )을/를 좋아합니다.

# 몸과 관련 있는 낱말 쓰기

● 정답 9쪽

**9**
추론

◯에 모두 들어가는 글자를 쓰세요.

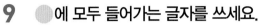

● 등

● 톱    ● 가락

(             )

★
**10**
적용

몸의 각 부분과 그 이름을 선으로 이으세요.

(1) •

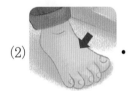

(2) •

• ㉮ 발등

• ㉯ 발바닥

**11**
적용

다음 그림에 어울리는 낱말에 ◯표 하세요.

(1) 밀다 (     )    (2) 당기다 (     )

|12~13| 다음 그림을 보고, 물음에 답하세요.

**12**
이해

그림을 보고 떠올린 낱말로 알맞지 <u>않은</u> 것의 기호를 쓰세요.

㉠ 차다         ㉡ 달리다
㉢ 춤추다       ㉣ 넘어지다

(            )

서술형
**13**
적용

다음 부분에서 아이들이 무엇을 하는지 쓰세요.

• 아이들이 ☐(으)로 콩 주머니를 던집니다.

도움말 몸의 어떤 부분으로 콩 주머니를 던지는지 살펴보세요.

4
단원
2회

**개념**  학교와 이웃에 관련된 낱말

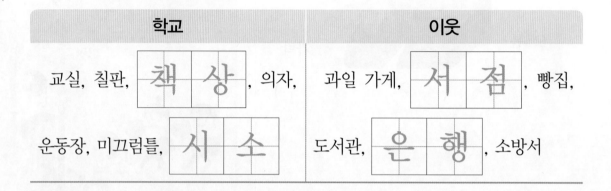

| 학교 | 이웃 |
|---|---|
| 교실, 칠판, 책상, 의자, 운동장, 미끄럼틀, 시소 | 과일 가게, 서점, 빵집, 도서관, 은행, 소방서 |

**개념 확인**  **알맞은 것을 고르며 오늘의 개념을 확인해 보세요.**

(1) '이웃'과 관련 있는 낱말에는 '과일 가게', '빵집' 등이 있습니다. ( ○ , × )

(2) '학교'와 관련 있는 낱말에는 '칠판', '책상' 등이 있습니다. ( ○ , × )

**문해력을 높이는 어휘**

• **오늘 배울 중요 어휘를 따라 쓰며 익혀 보세요.**

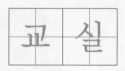

교 실

😀 선생님이 학생들을 가르치는 방.

예 선생님과 교실에서 공부해요.

도 서 관

😀 책과 자료 등을 모아 두고 사람들이 보거나 빌려 갈 수 있도록 한 곳.

예 도서관에서 책을 읽어요.

# 학교와 관련 있는 낱말

• 정답 10쪽

• 그림의 특징: 학교와 관련 있는 낱말을 알 수 있는 그림입니다.

▶ 학교와 관련 있는 낱말

| 학용품 | 자, 풀, 가위, 책, 연필, 지우개, 색종이, 책상, 의자, 색연필, 책가방 |
|---|---|
| 사람 | 선생님, 학생, 친구 |
| 장소 | 운동장, 보건실, 급식실, 과학실, 도서실 |

4단원
3회

칠판 검정이나 초록색 따위의 칠을 하여 그 위에 분필로 글씨를 쓰거나 그림을 그리게 만든 판.

**1** 그림의 내용으로 알맞은 것은 무엇인가요?
이해 ( )

① 책상 위에 가방이 있습니다.
② 남자아이가 운동장에 있습니다.
③ 선생님이 연필을 들고 있습니다.
④ 여자아이가 글씨를 쓰고 있습니다.
⑤ 선생님과 아이들은 교실에 있습니다.

**2** 그림에 나온 물건이 아닌 것을 두 가지 고르
이해 세요. ( )

① 수건            ② 연필
③ 의자            ④ 칠판
⑤ 텔레비전

**3** ㉠에 들어갈 알맞은 낱말은 무엇인가요?
적용 ( )

① 책          ② 자          ③ 풀
④ 창문        ⑤ 거울

**4** 다음 생각그물을 보고 빈칸에 들어갈 알맞은
추론 낱말을 쓰세요.

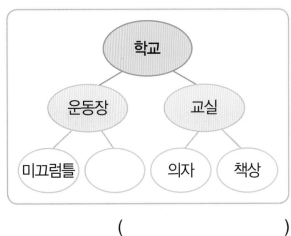

( )

# 이웃과 관련 있는 낱말

● 정답 10쪽

- 그림의 특징: 이웃과 관련 있는 낱말을 알 수 있는 그림입니다.

▶ 이웃과 관련 있는 낱말 예

| 과일 가게 | 감, 수박, 포도, 참외 |
|---|---|
| 서점 | 그림책, 봉투 |
| 빵집 | 식빵, 잼 |
| 도서관 | 책, 잡지 |
| 은행 | 돈, 통장, 카드 |
| 소방서 | 소방관, 소방차 |

서점 책을 갖추어 놓고 팔거나 사는 가게.
도서관 책과 자료 등을 모아 두고 사람들이 보거나 빌려 갈 수 있도록 한 곳.
소방서 불이 나지 않도록 예방하거나 불이 난 것을 끄는 기관.

---

**5** ★
이해

그림에 알맞은 낱말을 찾아 선으로 이으세요.

(1)  •

(2)  •

• ㉮ 은행

• ㉯ 빵집

---

**6**
적용

'과일 가게'에서 파는 것이 아닌 것은 무엇인가요? (　　)

① 감　　② 사과
③ 수박　　④ 조개
⑤ 바나나

---

**7**
적용

'소방서'와 관련된 탈것으로 가장 알맞은 것은 무엇인가요? (　　)

① 기차　　② 버스
③ 택시　　④ 경찰차
⑤ 소방차

---

서술형
**8**
적용

자신의 동네에서 볼 수 있는 이웃과 관련 있는 낱말을 한 가지 떠올려 쓰세요.

• 우리 동네에는 [　　　　　]이/가 있습니다.

도움말 우리 동네에 있는 장소나 사람 등을 떠올려 써 보아요.

# 학교와 이웃에 관련된 낱말 쓰기

● 정답 10쪽

**9** 교실에 있는 물건 가운데에서 이름이 두 글자인 낱말을 떠올려 써 보세요.
추론

(             )

**10** 그림을 보고 빈칸에 들어갈 알맞은 낱말을 넣어 문장을 완성하세요.
적용

• 나는 우리 반 ☐ ☐ ☐ 이/가 좋아요.

**11** 다음 그림에 어울리는 문장은 무엇인가요?
적용

(      )

① 교실에 들어가요.
② 은행에서 기다려요.
③ 경찰차가 서 있어요.
④ 운동장에서 달리기를 해요.
⑤ 과일 가게에서 포도를 사요.

**★**
**12** 다음 그림에 알맞은 낱말에 ○표 하세요.
적용

(1) 친구와 ( 빵집 / 도서관 )에 가요.

(2) ( 책상 / 의자 ) 위에 책을 놓아요.

**13** 다음 낱말과 관련된 장소를 찾아 선으로 이으세요.
적용

• ㉮ 빵집

• ㉯ 은행

(1) 빵 •

• ㉰ 도서관

(2) 책 •

• ㉱ 소방서

• ㉲ 수영장

4
단원
3회

**개념** 그림책을 보고 어떤 이야기일지 상상하기

• 글의 | 제 | 목 | 을 읽고 그림책의 내용을 미리 짐작해 봅니다.

• 그림책에서 여러 번 나오는 | 그 | 림 | 이 있는지 살펴봅니다.

• 그림이 무엇을 나타내는 것일지 떠올려 봅니다.

**개념 확인** 알맞은 것을 고르며 오늘의 개념을 확인해 보세요.

(1) 그림책을 볼 때 제목은 읽지 않습니다. ( ○ , × )

(2) 그림책에서 여러 번 나오는 그림을 보고 어떤 이야기일지 상상할 수 있습니다. ( ○ , × )

**문해력을 높이는 어휘**

• 오늘 배울 중요 어휘를 따라 쓰며 익혀 보세요.

이 웃 집

(뜻) 가까이 있거나 마주 닿아 있는 집.

(예) 이웃집 사람들이 서로 인사해요.

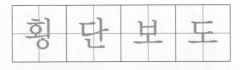
횡 단 보 도

(뜻) 사람이 안전하게 차도를 건너갈 수 있도록 표시를 한 길.

(예) 횡단보도를 건너서 집에 가요.

# 학교 가는 길 _ 글, 그림: 이보나 흐미엘레프스카

• 정답 10쪽

내용 듣기

❶ 학교에 가려고 집을 나서요.

아침을 맛있게 먹고 나서요.
아침에 먹는 밥.

아침 산책 다녀오는 이웃집 아저씨를 만나요.

**중심 내용** | '나'는 학교 가는 길에 이웃집 아저씨를 만납니다.

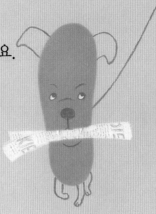

• 글의 종류: 그림책
• 글의 특징: '내'가 학교 가는 길에 본 사람과 장소에 대한 이야기입니다.

나서요   어디를 가기 위하여 있던 곳을 나오거나 떠나요.
산책   휴식이나 건강을 위하여 멀지 않은 거리를 천천히 걷는 것.
이웃집   가까이 있거나 마주 닿아 있는 집.

---

★
**1** 이 글의 내용을 알맞게 상상한 친구의 이름을 쓰세요.
추론

> 민우: 그림과 상관없는 내용이 나올 것입니다.
>
> 나현: 글의 제목을 보니 '내'가 학교에 가면서 본 사람이나 장소가 나올 것입니다.

(          )

**2** 이 글에서 '나'는 무엇을 했나요? (    )
이해
① 저녁을 먹었습니다.
② 꽃집에서 꽃을 샀습니다.
③ 길에서 친구를 만났습니다.
④ 학원에서 집으로 돌아왔습니다.
⑤ 학교에 가려고 집을 나섰습니다.

**3** 다음 그림에서 발자국이 무엇으로 표현되었나요? (    )
적용

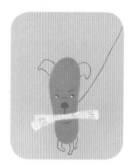

① 돼지          ② 오리
③ 토끼          ④ 강아지
⑤ 고양이

서술형
**4** '내'가 만난 사람은 누구인지 쓰세요.
적용

• 아침 산책을 다녀오는

  아저씨를 만났습니다.

**도움말** 글과 그림을 살펴보며 내용을 떠올려 보세요.

**2** 치과를 지나

꽃집을 지나

가구점을 지나

공원을 가로질러요.

한 발짝 한 발짝 재미있는 일이 일어나지만
걸음의 수를 세는 말.

길 건널 때는 조심!

중심 내용 | '나'는 치과, 꽃집, 가구점을 지나 공원을 가로지릅니다.

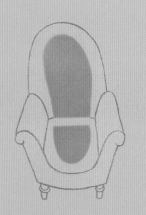

• 글의 구조

'나'는 학교 가는 길에 이웃 집 아저씨를 만남.

↓

'나'는 치과, 꽃집, 가구점을 지나 공원을 가로지름.

치과 이의 병을 전문적으로 치료하는 분야, 또는 그 분야의 병원.
가구점 가구를 파는 상점.
가로질러요 어떤 곳의 가운데를 지나서 가요.

---

**5** '내'가 학교 가는 길에 본 것을 두 가지 고르세요. (          )

이해

① 공원　　　　② 꽃집
③ 고양이　　　④ 박물관
⑤ 과일 가게

**6** 다음 그림에 알맞은 낱말을 선으로 이으세요.

이해

(1)  •

• ㉮ 가구점

(2) •

• ㉯ 치과

**7** 발자국 그림으로 나타낼 수 있는 사람이나 장소, 물건 등을 떠올려 한 가지 쓰세요.

적용

(                              )

★
**8** 다음 그림은 학교 가는 길에 볼 수 있는 것입니다. ㉠~㉢에 알맞은 낱말을 쓰세요.

적용

(1) ㉠: ☐☐☐☐☐

(2) ㉡: ☐☐☐

(3) ㉢: ☐☐☐☐☐

**9** 다음 글자판에서 찾을 수 <u>없는</u> 낱말은 무엇인가요? ( )

적용

| 할 | 민 | 아 | 서 |
|---|---|---|---|
| 머 | 오 | 빠 | 원 |
| 니 | 가 | 진 | 동 |
| 겨 | 미 | 주 | 생 |

① 아빠      ② 오빠
③ 동생      ④ 할머니
⑤ 할아버지

★
**10** 다음 그림에 알맞은 낱말을 쓰세요.

적용

(1)
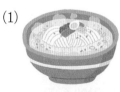
후루룩 ☐☐☐

(2)

도란도란 ☐☐☐☐

(3)

사각사각 ☐☐☐☐

**11** 다음 낱말의 뜻을 찾아 선으로 이으세요.

어휘

(1) 없다 •

      • ㉮ 사람, 동물, 물체 따위가 실제로 있지 않는 상태이다.

(2) 있다 •

      • ㉯ 사람이나 동물이 어느 곳에서 떠나거나 벗어나지 않고 머물다.

어법 더하기

**12** '읽다'를 바르게 소리 내어 읽은 친구의 이름을 쓰세요.

어법

 [익따]

성훈

 [일따]
희수

( )

어법 더하기 ⊕ **두 개의 자음자로 이루어진 받침**

'읽다'의 'ㄺ'처럼 서로 다른 두 개의 자음자로 이루어진 받침이 있습니다. 이러한 낱말은 읽을 때 하나의 자음자만 소리 납니다. 따라서 '읽다'는 [익따]로 읽습니다.

| 받침 'ㄺ' | 읽다[익따], 흙[흑], 까닭[까닥] |
|---|---|
| 받침 'ㅄ' | 없다[업:따], 값[갑] |

나의 실력에 색칠하세요.

4
단원
4회

**1** 다음 그림에 알맞은 꽃의 이름을 선으로 이으세요.

· 나팔꽃

· 해바라기

**2** 낱말을 많이 알면 좋은 점으로 알맞은 것에 ○표 하세요.

(1) 내 생각을 더 잘 표현할 수 있습니다.
( 　 )

(2) 다른 사람의 마음을 빠르게 알아차릴 수 있습니다.
( 　 )

|3~4| 다음 그림을 보고, 물음에 답하세요.

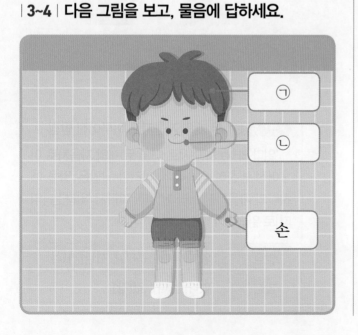

**3** ㉠과 ㉡에 들어갈 낱말이 알맞게 짝 지어진 것은 무엇인가요? ( 　 　 )

| | ㉠ | ㉡ |
|---|---|---|
| ① | 눈 | 입 |
| ② | 눈 | 발 |
| ③ | 입 | 귀 |
| ④ | 머리 | 입 |
| ⑤ | 머리 | 무릎 |

**4** '손'과 가장 관련 있는 낱말은 무엇인가요?
( 　 　 )

① 맡다　　② 보다　　③ 먹다
④ 듣다　　⑤ 만지다

**5** 얼굴과 관련된 낱말 가운데, 자음자 'ㅋ'이 들어간 낱말은 무엇인가요? ( 　 　 )

① 귀　　　② 눈　　　③ 입
④ 코　　　⑤ 배

**6** 다음 그림에 어울리는 낱말에 ○표 하세요.

· ( 동생, 할머니 )이/가 방을 정리한다.

**|7~9|** 다음 글을 읽고, 물음에 답하세요.

> 가 엄마는 배추김치가 맛있대.
>
> 아빠는 뜨거운 설렁탕이 맛있대.
>
> 나는 기다란 스파게티가 맛있어.
> 후루룩 삼키면 몸 안에 길이 생길 것 같아.
>
> 나 국수 먹으면 오래 살아?
> 그럼 할머니랑 친구 되는 거야?
>
> 오빠가 좋아하는 피자도 맛있어.
> 크리스마스트리 같아.

**7** '배추김치'를 좋아하는 사람은 누구인가요?

( )

① 나        ② 아빠        ③ 오빠
④ 엄마      ⑤ 할머니

**8** '내'가 크리스마스트리 같다고 한 음식은 무엇 인지 쓰세요.

( )

**9** 그림에 알맞은 말에 ○표 하세요.

• 설렁탕이 ( 뜨겁다, 무겁다 ).

**|10~11|** 다음 그림을 보고, 물음에 답하세요.

**10** 그림에서 찾을 수 있는 물건이 <u>아닌</u> 것은 무엇 인가요? ( )

① 책        ② 시소
③ 의자      ④ 책상
⑤ 연필

 서술형

**11** 보기 와 같이 그림 속 낱말을 넣어 그림의 내 용을 표현해 보세요.

> 보기
>
> 친구들이 교실에 있습니다.

• [      ] 께서 칠판 앞에 서 계십니다.

도움말 교실에 있는 사람이 누구인지, 무엇을 하는지 살펴보세요.

**12** →보기 의 낱말들과 가장 관련 있는 곳은 어디인가요? ( )

> →보기
>
> 감   수박   포도   참외

① 교실　　　　② 은행
③ 운동장　　　④ 소방서
⑤ 과일 가게

**13** 그림을 보고 ㉠과 ㉡에 알맞은 낱말에 ◯표 하세요.

(1) ㉠: ( 신호등, 횡단보도 )
(2) ㉡: ( 기차, 버스 )

**14** 다음 그림과 어울리는 낱말은 무엇인가요?

( )

① 차다　　　　② 달리다
③ 당기다　　　④ 던지다
⑤ 춤추다

수행 평가

**15** 다음 글을 읽고, 물음에 답하세요.

> 가 학교에 가려고 집을 나서요.
>
> 　아침을 맛있게 먹고 나서요.
>
> 나 치과를 지나
>
> 　꽃집을 지나
>
> 　가구점을 지나
>
> 　공원을 가로질러요.

1단계 '내'가 학교 가는 길에 지난 곳을 차례대로 쓰세요.

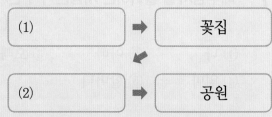

> 도움말 '내'가 집을 나서서 어디어디를 지나왔는지 살펴보아요.

2단계 →보기 와 같이 자신이 학교 가는 길에 지난 곳을 떠올려 쓰세요.

> →보기
>
> 　학교에 가려고 집을 나서요. 빵집을 지나요.

• 학교에 가려고 집을 나서요.

　　　　을/를 지나요.

> 도움말 자신이 학교 가는 길에 본 장소를 자유롭게 떠올려 써 보아요.

# 어울리는 낱말을 찾아라!

다음 낱말과 가장 관련 있는 낱말을 찾아 선으로 이으세요.

①

몸

②

학교

③

이웃

책상

눈

과일 가게

 거꾸로 정답

① 몸 - 눈 ② 학교 - 책상 ③ 이웃 - 과일 가게

# 5 반갑게 인사해요

온라인
학습 진도표

## 학습 진도표

| 회차 | 백점 쪽수 | 오늘 학습할 내용 | 학습 주제 |
|---|---|---|---|
| 1 | 104~107쪽 | 개념+어휘+교과서 지문 | 배울 내용 살펴보기 / 알맞은 인사말 알기 / 상황에 알맞은 인사말 하기 |
| 2 | 108~111쪽 | 개념+어휘+교과서 지문 | 「저녁 인사」 / 「사슴과 뿔」 / 마무리하기 |
| 3 | 112~115쪽 | 대단원 평가+낱말 놀이터 | |

알맞은
**인사말**을 배워요.

**상황**에
알맞게 인사해요.

5
단원

글자와 **소리가 다른**
**낱말**을 익혀요.

**개념** 　상황에 알맞은 인사말

| 상황 | 인사말 예 | 상황 | 인사말 예 |
|---|---|---|---|
| 다른 사람을 만났을 때 | **안 녕**? <br> 안녕하세요? | 웃어른께서 음식을 주실 때 | 잘 먹겠습니다. |
| 학교에 갈 때 | 학교 다녀오겠습니다. | 친구가 상을 받았을 때 | **축 하** 해. |

**개념 확인** 　알맞은 것을 고르며 오늘의 개념을 확인해 보세요.

⑴ "안녕?"은 친구를 만났을 때 하는 인사말입니다. ( ○ , × )

⑵ 학교에 갈 때에는 "다녀왔습니다."라고 인사합니다. ( ○ , × )

**문해력을 높이는 어휘**

• 오늘 배울 중요 어휘를 따라 쓰며 익혀 보세요.

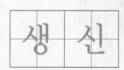

뜻 '생일'을 높여 이르는 말.

예 오늘은 할아버지 생신이에요.

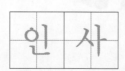

뜻 만나거나 헤어질 때에 예의를 나타냄. 또는 그런 말이나 행동.

예 만나면 반갑게 인사해요.

**1** 빈칸에 들어갈 알맞은 인사말을 선으로 이으세요.

추론

(1) 영수야, 어서 오렴.

⑦ 안녕?

(2) 안녕?

ⓝ 안녕하세요?

(3) 오랜만입니다.

ⓓ 반갑습니다.

**3** 이 글에 나타난 인사말 중에서 웃어른께 하는 인사말을 찾아 쓰세요.

이해

(           )

**★ 4** 이 글을 읽고 다른 사람에게 인사한 경험을 알

적용 맞게 떠올린 친구의 이름을 쓰세요.

> 민지: 어제 수업 시간에 친구들 앞에서 발표를 했습니다.
> 연우: 지난 주말에 공원에서 이웃 아주머니를 만나 인사했습니다.

(           )

**|2~4|** 다음 글을 읽고, 물음에 답하세요.

> ## 모두 모두 안녕! _윤여림
>
> 내가 좋아하는 친구들아, 안녕!
> 다음에 나도 같이 놀자.
>
> 내가 좋아하는 아랫집 할머니, 안녕하세요?
> 강아지들도 안녕?

**2** 이 글에서 '나'는 누구누구에게 인사하였는지

이해 모두 고르세요. (       )

① 꽃들      ② 친구들

③ 선생님     ④ 강아지들

⑤ 아랫집 할머니

**5** 만나는 사람에게 인사하면 좋은 점이 <u>아닌</u> 것

추론 에 ×표 하세요.

(1) 자신의 생각을 감출 수 있습니다. (    )

(2) 상대도 나에게 바르게 인사합니다. (    )

(3) 서로 더 가까운 사이가 될 수 있습니다.

(    )

(4) 인사를 받는 사람과 나의 기분이 좋아집니다. (    )

# 알맞은 인사말 알기

안녕?

안녕?

축하해.

고마워.

학교
다녀오겠습니다.

・그림의 특징: 인사를 하는 여러 가지 상황이 나타나 있는 그림입니다.

▶ 그림에 나타난 상황

| 그림 ❶ | 학교 가는 길에 친구를 만났습니다. |
|---|---|
| 그림 ❷ | 친구가 상을 받았습니다. |
| 그림 ❸ | 할머니께서 과일을 주셨습니다. |
| 그림 ❹ | 학교에 갈 때 아빠께 인사했습니다. |
| 그림 ❺ | 친구가 내 물건을 주워 줬습니다. |

**6**
이해
그림 ❶과 ❷에서 친구들이 언제 인사했는지 선으로 이으세요.

(1) 그림 ❶ •

(2) 그림 ❷ •

• ㉮ 친구가 상을 받았을 때

• ㉯ 친구를 만났을 때

**7**
추론
그림 ❸에 들어갈 인사말로 알맞은 것은 무엇인가요? ( )

① 미안합니다.　　② 안녕하세요?
③ 어서 오세요.　　④ 잘 먹겠습니다.
⑤ 안녕히 주무셨어요?

**8**
이해
그림 ❹에서 남자아이는 어떤 자세로 인사했나요? ( )

① 손을 흔들며 인사했습니다.
② 허리를 숙여 인사했습니다.
③ 고개만 살짝 내밀고 인사했습니다.
④ 다른 곳을 쳐다보며 인사했습니다.
⑤ 몸을 꼿꼿하게 세워서 인사했습니다.

**★**
**9**
추론
그림 ❺에서 여자아이는 어떤 마음으로 인사해야 할까요? ( )

① 슬퍼하는 마음　　② 고마워하는 마음
③ 부러워하는 마음　　④ 속상해하는 마음
⑤ 아쉬워하는 마음

# 상황에 알맞은 인사말 하기

• 정답 11쪽

**10** 다음 인사말에 알맞은 상황을 **보기**에서 찾아
추론 기호를 쓰세요.

┌─**보기**─────────────────┐
│ ㉠ 친구 집에 놀러 갔을 때 │
│ ㉡ 교실에서 친구와 부딪쳤을 때 │
│ ㉢ 학교 가는 길에 웃어른을 만났을 때 │
└──────────────────────┘

| (1) "정말 미안해." | |
|---|---|
| (2) "초대해 줘서 고마워." | |

**|11~12|** 다음 그림을 보고, 물음에 답하세요.

❶ 잘 먹겠습니다.

❷ 안녕?

**11** 그림 ❶과 ❷ 중에서 상황에 맞게 인사한 것
이해 의 기호를 쓰세요.

그림 (                    )

서술형

**12** 그림 ❷의 남자아이는 어떤 자세로 인사해야
적용 하는지 쓰세요.

• 웃어른께 인사할 때에는 주머니에서 [        ]

을/를 빼고 고개를 숙이며 "[          ]?"

라고 인사해야 합니다.

**도움말** 웃어른께 인사할 때에는 예의 바르고 공손하게 인사해야
해요.

★
**13** 다음 상황에 어울리는 인사말을 선으로 이으
추론 세요.

(1) ┌──────────┐   (2) ┌──────────┐
    │ 이웃에게서 선 │      │ 할아버지 생 │
    │ 물을 받았을 때 │      │ 신 때 │
    └──────────┘      └──────────┘
         •                    •

         •                    •
㉮ ┌──────────┐   ㉯ ┌──────────┐
   │ 생신 축하드 │      │ 선물을 주셔 │
   │ 립니다. │         │ 서 감사합니다. │
   └──────────┘      └──────────┘

국어 활동

**14** ㉠~㉫을 웃어른께 하는 인사말과 친구에게
적용 하는 인사말로 나누어 기호를 쓰세요.

┌───────────────────────┐
│ ㉠ 안녕?          ㉡ 미안해. │
│ ㉢ 고맙습니다.      ㉣ 생일 축하해. │
│ ㉤ 안녕하세요?     ㉥ 다녀오겠습니다. │
└───────────────────────┘

| (1) 웃어른께 하는 인사말 | |
|---|---|
| (2) 친구에게 하는 인사말 | |

**5**
단원
**1**회

**개념** 글자와 소리가 다른 낱말 읽기

• 받침이 뒤에 오는 'ㅇ'을 만나면 뒷말 │ 첫 │ 소 │ 리 │ 로 자연스럽게 이어져 읽힙니다.

| 글자 | | 소리 |
|---|---|---|
| 걸음 | 걸↗음 | [거름] |

**개념 확인** 알맞은 것을 고르며 오늘의 개념을 확인해 보세요.

⑴ '나들이'는 읽을 때 [나드리]로 소리 납니다. ( ○ , × )

⑵ 받침이 뒤에 오는 'ㅁ'을 만나면 뒷말 첫소리로 이어져 읽힙니다.

( ○ , × )

**문해력을 높이는 어휘**

• 오늘 배울 중요 어휘를 따라 쓰며 익혀 보세요.

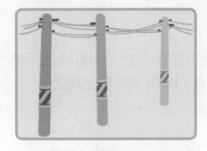

전 봇 대

뜻 전기가 흐르는 줄을 늘여 매는 기둥.

예 길에 전봇대가 서 있어요.

걸 음

뜻 두 발을 번갈아 옮겨 놓는 동작.

예 나는 걸음이 느려요.

# 저녁 인사 _최명란

내용 듣기

• 정답 12쪽

엄마 아빠 누나 동생

할아버지 할머니 고모 이모

전봇대 아파트 가로등 학교

토끼 강아지 고양이 쥐

모두 모두 잘 자요
　　인사말①

모두 내 꿈 꿔요
　　인사말②

중심 내용 | 모두에게 저녁 인사를 하였습니다.

• 글의 종류: 동시
• 글의 특징: 저녁에 나누는 인사말을 동시로 표현하였습니다.

• 작품 정리

| 인사한 대상 | 엄마, 아빠, 누나, 동생, 할아버지, 할머니, 고모, 이모, 전봇대, 아파트, 가로등, 학교, 토끼, 강아지, 고양이, 쥐 |
| --- | --- |
| 인사말 | 모두 모두 잘 자요, 모두 내 꿈 꿔요 |

전봇대　전기가 흐르는 줄을 늘여 매는 기둥.

---

**1** 이해
'내'가 인사한 대상을 모두 알맞게 쓴 것에 ○표 하세요.

(1) 엄마, 오빠, 누나, 동생　　　　　（　　　）

(2) 할아버지, 할머니, 고모, 형　　　（　　　）

(3) 전봇대, 아파트, 가로등, 학교　　（　　　）

(4) 토끼, 강아지, 고양이, 다람쥐　　（　　　）

**서술형**

**2** 추론
이 시에 나오는 인사말은 언제 하는 것인지 쓰세요.

• '모두 모두 ☐☐☐☐☐☐☐', '모두 내 꿈

꿔요'는 ☐☐☐☐☐에 하는 인사말입니다.

도움말 | 꿈을 꾸는 때는 언제인지 떠올려 보세요.

**★ 3** 적용
디지털 문해력

다음 대화에서 이 시에 나타난 상황과 관련된 경험을 말한 친구의 이름을 쓰세요.

연주
내 동생에게 자기 전에 "잘 자."라고 인사했어.

민기
할머니께 아침에 "안녕히 주무셨어요?"라고 인사드렸어.

（　　　　　　　　　）

**4** 이해
다음 노랫말에서 인사말을 모두 찾아 ○표 하세요.

우리 서로 학굣길에 만나면 만나면
웃는 얼굴 하고 인사 나눕시다 얘들아 안녕

하루 공부 마치고서 집으로 갈 때도
헤어지기 전에 인사 나눕시다 얘들아 안녕

# 사슴과 뿔

● 정답 12쪽

내용 듣기

**가** 어느 숲속에 사슴 한 마리가 살고 있었어요. 이 ㉠사슴은 항상 자신의 ㉡뿔을 자랑스럽게 생각하고 있었어요.

"내 멋진 뿔을 봐. 어쩜 이렇게 아름답게 생겼을까? 하지만 다리는 참 약해 보이고 가늘단 말이야."

사슴은 자신의 가늘고 긴 ㉢다리가 늘 불만이었지요.

**중심 내용 |** 사슴은 자신의 뿔을 자랑스러워했지만 가늘고 긴 다리가 불만이었습니다.

**나** "어? 이건 무슨 소리지?"

사슴은 누군가가 걸어오는 소리라는 것을 알았어요.

"앗, 사냥꾼의 걸음 소리가 들려. ㉣도망가자!"
사슴이 도망간 까닭

놀란 사슴은 두 다리로 힘껏 달렸어요.

"하마터면 사냥꾼에게 붙잡힐 뻔했네."

집으로 돌아가려던 사슴은 ㉤깜짝 놀라 소리쳤어요.

"으아! 뿔이 걸려서 움직일 수 없잖아!"

깊은 숲속 나뭇가지 사이에 뿔이 걸려 사슴은 한 발짝도 움직일 수 없었어요.

**중심 내용 |** 사냥꾼의 걸음 소리에 도망치던 사슴은 나뭇가지에 뿔이 걸려 움직일 수 없었습니다.

• **글의 종류:** 이야기
• **글의 특징:** 자신의 뿔을 자랑스러워하던 사슴은 사냥꾼을 피해 도망가다가 나뭇가지에 뿔이 걸렸습니다.

▶ **글자와 소리가 다른 낱말**

| 글자 | 소리 |
|------|------|
| 사슴은 | [사스믄] |
| 걸음 | [거름] |
| 뿔이 | [뿌리] |
| 깊은 | [기픈] |

**불만** 마음에 차지 않음.
**사냥꾼** 산이나 들에서 동물을 잡는 일을 하는 사람.
**걸음** 두 발을 번갈아 옮겨 놓는 동작.

---

**5** 사슴이 자랑스러워한 것에 ○표 하세요.
이해

(1) 뿔 ( )

(2) 다리 ( )

**6** 사슴에게 일어난 일은 무엇인가요? ( )
이해

① 숲속에서 길을 잃었습니다.

② 달리다가 나무에 다리가 걸렸습니다.

③ 물을 마시다가 나무에 부딪혔습니다.

④ 나무 뒤에 숨어 있다가 사냥꾼에게 잡혔습니다.

⑤ 사냥꾼을 피해 도망가다 나뭇가지에 뿔이 걸렸습니다.

**★**
**7** ㉠~㉤ 중에서 글자와 소리가 다른 낱말을 두
어법 가지 고르세요. ( )

① ㉠        ② ㉡        ③ ㉢

④ ㉣        ⑤ ㉤

**8** 다음 낱말을 소리 나는 대로 쓰세요.
적용

(1) 국어 ➡ [            ]

(2) 악어 ➡ [            ]

(3) 걸으며 ➡ [            ]

(4) 나들이 ➡ [            ]

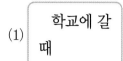 
**9** 상황에 알맞은 인사말을 찾아 선으로 이으세요.
이해

(1) 학교에 갈 때 •

(2) 친구와 헤어질 때 •

(3) 친구에게 실수했을 때 •

(4) 친구가 상을 받았을 때 •

• ㉮ 미안해.

• ㉯ 축하해.

• ㉰ 내일 만나.

• ㉱ 다녀오겠습니다.

**10** 친구에게 도움을 받았을 때 하는 인사말로 알맞은 것은 무엇인가요? (        )
이해

① 안녕?          ② 잘 자.
③ 고마워.        ④ 괜찮아.
⑤ 미안해.

★
**11** 다음 문장에서 글자와 소리가 다른 낱말을 바르게 읽은 친구의 이름을 쓰세요.
적용

바람이 불어요.

[바람미] 수호          [부러요] 지유

(                    )

| 12~13 | 다음 대화를 읽고, 물음에 답하세요.

선생님: 네가 찾던 필통이 여기 있단다. 많이 걱정 했지?

지호: 하하, 다행이다.

선생님: 이럴 때에는 "물건을 찾아 주셔서 고맙습니다."라고 말하면 된단다.

지호: 네,      ㉠

**12** 선생님께서 찾아 주신 물건은 무엇인지 쓰세요.
이해
(                    )

어법 더하기
**13** ㉠에 들어갈 알맞은 인사말은 무엇인가요?
추론
(        )

① 반갑습니다.
② 정말 고마워.
③ 안녕히 계세요.
④ 잃어버려서 죄송해요.
⑤ 물건을 찾아 주셔서 고맙습니다.

어법 더하기 ➕ 웃어른께 하는 인사

인사말은 인사를 하는 상대에 따라 달라질 수 있어요. 특히 웃어른께 하는 인사말과 친구에게 하는 인사말이 같지 않다는 것을 기억하세요.

| 웃어른께 하는 인사말 예 | 친구에게 하는 인사말 예 |
|---|---|
| 안녕하세요? | 안녕? |
| 고맙습니다. | 고마워. |
| 죄송합니다. | 미안해. |

**5**
단원
**2**회

|1~2| 다음 글을 읽고, 물음에 답하세요.

내가 좋아하는 친구들아, 　ㄱ　!
다음에 나도 같이 놀자.

내가 좋아하는 아랫집 할머니, ⓛ안녕하세요?
강아지들도 안녕?

**1** ㄱ에 들어갈 알맞은 인사말은 무엇인가요?
( 　 )

① 안녕
② 미안해
③ 어서 와
④ 반갑습니다
⑤ 안녕히 계세요

**2** ⓛ과 같이 인사하는 상황은 언제인가요?
( 　 )

① 아침에 일어났을 때
② 친구가 상을 받았을 때
③ 길에서 웃어른을 만났을 때
④ 이웃에게서 선물을 받을 때
⑤ 교실에서 친구와 부딪쳤을 때

**3** 밥을 먹기 전에 하는 인사말에 ○표 하세요.

(1) 잘 먹겠습니다. 　( 　 )
(2) 잘 먹었습니다. 　( 　 )

|4~5| 다음 그림을 보고, 물음에 답하세요.

**4** 그림에는 어떤 상황이 나타나 있는지 쓰세요.

· ☐☐☐ 께서 과일을 주셨습니다.

**5** ㄱ과 같은 인사말은 어떤 마음으로 해야 하나요? ( 　 )

① 슬퍼하는 마음
② 축하하는 마음
③ 짜증 나는 마음
④ 고마워하는 마음
⑤ 아쉬워하는 마음

서술형
**6** 보기와 같이 미안한 마음을 담아 인사했던 경험을 한 가지 떠올려 쓰세요.

보기

교실에서 친구와 부딪쳤을 때 "미안해." 라고 인사했습니다.

·＿＿＿＿＿＿＿＿＿＿＿＿＿＿＿＿＿
"정말 미안해."라고 인사했습니다.

도움말 자신이 다른 사람에게 실수하거나 잘못했던 경험을 떠올려 보세요.

**|7~8|** 다음 그림을 보고, 물음에 답하세요.

안녕?

**7** 남자아이처럼 인사하면 인사를 받는 사람의 기분은 어떠할까요? ( )

① 칭찬하고 싶을 것입니다.
② 기쁜 마음이 들 것입니다.
③ 기분이 좋지 않을 것입니다.
④ 신나는 기분이 들 것입니다.
⑤ 미안한 마음이 들 것입니다.

**8** 남자아이가 인사할 때 어떻게 해야 하는지 알맞은 것에 모두 ○표 하세요.

(1) 손을 흔들며 인사합니다. ( )
(2) "안녕하세요?"라고 인사합니다. ( )
(3) 주머니에서 손을 빼고 고개를 숙여 인사합니다. ( )

**|9~11|** 다음 시를 읽고, 물음에 답하세요.

> 엄마 아빠 누나 동생
> 할아버지 할머니 고모 이모
> 전봇대 아파트 가로등 학교
> 토끼 강아지 고양이 쥐
> 모두 모두 ㉠잘 자요
> 모두 내 꿈 꿔요

**9** 이 시에 나오지 <u>않는</u> 사람은 누구인가요?

( )

① 고모　　　　　② 동생
③ 삼촌　　　　　④ 엄마
⑤ 할아버지

**10** ㉠은 언제 하는 인사인가요? ( )

① 공부를 시작할 때
② 할아버지 생신 때
③ 학교에 다녀왔을 때
④ 할머니께서 오셨을 때
⑤ 저녁에 잠을 자러 갈 때

**11** 이 시에 나타난 상황에서 할 수 있는 또 다른 인사말은 무엇일까요? ( )

① 고마워.
② 축하해요.
③ 어서 오세요.
④ 다녀오겠습니다.
⑤ 안녕히 주무세요.

5
단원
3회

| 12~13 | 다음 글을 읽고, 물음에 답하세요..

가 "내 멋진 뿔을 봐. 어쩜 이렇게 아름답게 생겼을까? 하지만 다리는 참 약해 보이고 가늘단 말이야."
사슴은 자신의 가늘고 긴 다리가 늘 불만이었지요.
나 "앗, 사냥꾼의 걸음 소리가 들려. 도망가자!"
놀란 사슴은 두 다리로 힘껏 달렸어요.
"하마터면 사냥꾼에게 붙잡힐 뻔했네."

**12** 사슴이 자신의 다리를 어떻게 생각했는지 알맞은 것에 ○표 하세요.

⑴ 불만스러워했습니다. (      )
⑵ 자랑스러워했습니다. (      )

**13** 글자와 소리가 다른 낱말이 <u>아닌</u> 것은 무엇인가요? (      )

① 뿔을            ② 보이고
③ 사슴은          ④ 달렸어요
⑤ 사냥꾼에게

**14** 다음 낱말을 소리 나는 대로 쓰세요.

목요일 ➡ [                    ]

수행 평가

**15** 다음 그림을 보고, 물음에 답하세요.

**1** 단계 그림에는 어떤 상황이 나타나 있는지 쓰세요.

● 여자아이가 [            ] 에서 친구와 웃어른을 만났습니다.

도움말 그림에서 여자아이가 어디에서 누구를 만났는지 살펴보세요.

**2** 단계 보기 와 같이 여자아이가 할 알맞은 인사말을 쓰세요.

보기
친구를 만나면 "안녕?"이라고 인사합니다.

● 웃어른을 만나면 " [                    ] " 라고 인사합니다.

도움말 웃어른을 만나면 어떤 인사말을 해야 하는지 친구를 만났을 때 하는 인사말과 비교하여 생각해 보세요.

# 알맞은 낱말을 찾아라!

다음 뜻에 알맞은 낱말이 있는 떡을 찾아 색칠하세요.

1 '생일'을 높여 이르는 말.
2 두 발을 번갈아 옮겨 놓는 동작.
3 전기가 흐르는 줄을 늘여 매는 기둥.
4 만나거나 헤어질 때에 예의를 나타냄. 또는 그런 말이나 행동.

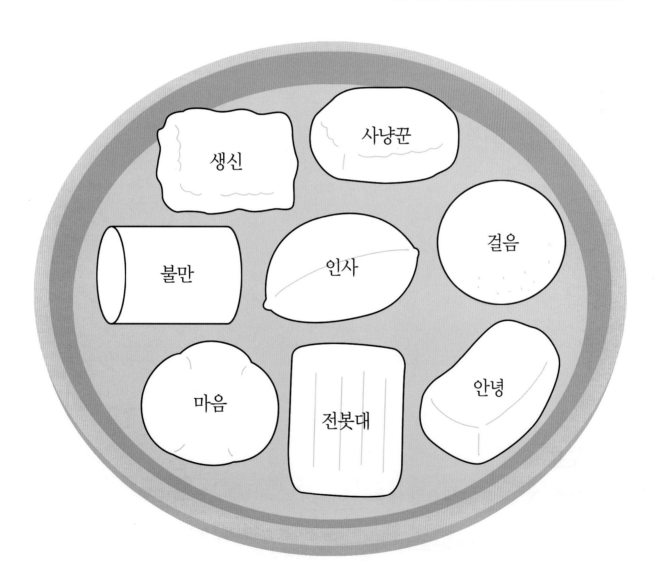

5. 반갑게 인사해요 • 115

# 6 또박또박 읽어요

● **학습 진도표**

온라인
학습 진도표

| 회차 | 백점 쪽수 | 오늘 학습할 내용 | 학습 주제 |
| --- | --- | --- | --- |
| 1 | 118~121쪽 | 개념+어휘+교과서 지문 | 배울 내용 살펴보기 / 여러 가지 문장 읽기 / 문장의 뜻을 생각하며 읽기 |
| 2 | 122~125쪽 | 개념+어휘+교과서 지문 | 「나무를 심어요」 / 「꽃에서 나온 코끼리」 / 마무리하기 |
| 3 | 126~129쪽 | 대단원 평가+낱말 놀이터 | |

여러 가지
**문장**을 읽어요.

문장 **부호**의
쓰임을 알아요.

**띄어 읽기**를
알맞게 해요.

6
단원

**개념** 소리 내어 문장 읽기

• 그림을 보고 | 누 | 가 | , 무엇을 하는지 떠올리며 읽습니다.

• 문장을 또박또박 큰 소리로 읽습니다.

• 바른 | 자 | 세 | 로 문장을 읽습니다.

**개념 확인** **알맞은 것을 고르며 오늘의 개념을 확인해 보세요.**

(1) 그림을 보고 누가, 무엇을 하는지 떠올리며 문장을 읽습니다. ( ○ , × )

(2) 소리 내어 문장을 읽을 때에는 소곤소곤 작은 소리로 읽습니다. ( ○ , × )

---

**문해력을 높이는 어휘**

• 오늘 배울 중요 어휘를 따라 쓰며 익혀 보세요.

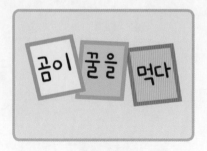

뜻 말이나 글로 생각을 나타내는 가장 작은 단위.

예 낱말 카드로 문장을 만들어요.

뜻 여럿이 서로 잘 조화되어 자연스럽게 보이다.

예 운동화가 잘 어울려요.

# 배울 내용 살펴보기

• 정답 13쪽

| 1~2 | 다음 그림을 보고, 물음에 답하세요.

**1** 여우가 읽은 문장은 무엇인지 ○표 하세요.

이해

(1) 이 자전거를 가면 어디든 갈 수 있어!       (      )

(2) 이 자전거를 타면 어디든 갈 수 있어!       (      )

**2** 토끼가 여우가 한 말을 이해하지 못한 까닭은 무엇일까요? (      )

추론

① 여우가 말을 너무 빨리 했기 때문에

② 토끼가 다른 곳을 보고 있기 때문에

③ 여우가 문장을 띄어 읽지 않았기 때문에

④ 토끼가 여우의 말을 듣지 않았기 때문에

⑤ 여우가 문장을 정확하게 읽지 않았기 때문에

| 3~4 | 다음 그림을 보고, 물음에 답하세요.

**3** ㉠과 ㉡ 중에서 다음과 같이 띄어 읽은 문장은 무엇인지 기호를 쓰세요.

이해

> '오늘', '밤나무를', '심자' 사이를 모두 띄어 읽었습니다.

(          )

**★**
**4** ㉠과 ㉡에 담긴 뜻을 선으로 이으세요.

추론

(1) ㉠ •

(2) ㉡ •

• ㉮ 오늘, 밤이 열리는 나무를 심자.

• ㉯ 오늘 해가 져서 어두워지면 나무를 심자.

# 여러 가지 문장 읽기

• 정답 13쪽

• 그림의 특징: 친구들이 계곡에서 물놀이를 하고 있습니다.

▶ 여러 가지 문장 읽기

| 무엇이 어찌하다/어떠하다 |
| --- |
| • 새가 날아갑니다. |
| • 물이 시원합니다. |
| 무엇이 무엇이 되다 |
| • 여름이 되었습니다. |
| • 우리는 친구가 되었습니다. |
| 무엇이 무엇을 어찌하다 |
| • 동생이 물놀이를 합니다. |
| • 엄마가 사진을 찍습니다. |

**5** 이해
그림 속 친구들은 무엇을 하고 있나요?
(     )

① 책을 읽고 있습니다.
② 공부를 하고 있습니다.
③ 달리기를 하고 있습니다.
④ 물놀이를 하고 있습니다.
⑤ 술래잡기를 하고 있습니다.

**6** 이해
그림을 보고 떠올린 문장으로 알맞지 <u>않은</u> 것은 무엇인가요? (     )

① 물이 시원합니다.
② 새가 날아갑니다.
③ 바위가 있습니다.
④ 여름이 되었습니다.
⑤ 강아지가 뛰어갑니다.

**7** 추론
다음 그림을 보고 문장을 만들 때, 빈칸에 들어갈 알맞은 낱말에 ◯표 하세요.

• 우리는 친구가 ( 되었습니다, 하였습니다 ).

**8** 적용
⫧보기⫨와 같이 물음에 답이 되는 낱말을 찾아 ◯표 하세요.

┌─보기─
• 나는 무엇을 하고 있습니까?

➡ 나는 ⟨청소⟩를 합니다.

• 동생은 무엇을 먹고 있습니까?

➡ 동생이 국수를 먹습니다.

# 문장의 뜻을 생각하며 읽기

• 정답 13쪽

• **그림의 특징**: 다람쥐, 토끼, 하마, 곰, 호랑이, 원숭이가 놀이터에서 놀고 있습니다.

• **활동 정리**

| 그림에 어울리는 문장 떠올리기 |
| --- |

• 원숭이가 달립니다.
• 하마가 그네를 탑니다.
• 호랑이가 턱걸이를 합니다.
• 곰이 모래성을 완성했습니다.
• 토끼와 다람쥐가 시소를 탑니다.

▶ **소리 내어 문장 읽기**
• 그림을 보고 누가, 무엇을 하는지 떠올리며 읽습니다.
• 문장을 또박또박 큰 소리로 읽습니다.
• 바른 자세로 문장을 읽습니다.

---

**9** 동물들이 있는 곳은 어디인가요? (      )
이해
① 교실　　　　　② 은행
③ 놀이터　　　　④ 도서관
⑤ 수영장

**10** 그림을 보고 어울리는 문장을 말한 친구의 이름을 쓰세요.
이해

| 민우: 원숭이가 자리에 앉습니다. |
| 영현: 호랑이가 턱걸이를 합니다. |
| 지나: 토끼와 다람쥐가 시소에서 내립니다. |

(　　　　　)

서술형

**11**  **보기** 와 같이 그림을 보고 문장을 쓰세요.
적용

┌─**보기**─────────────────┐
│　　하마가 그네를 탑니다.　　│
└──────────────────────┘

• 곰이 ＿＿＿＿＿＿＿＿＿＿＿＿＿

도움말 곰이 모래로 무엇을 만들었는지 살펴보아요.

국어 활동

**12** 다음 그림에 알맞은 문장은 무엇인가요?
이해
(　　　)

① 친구가 춤을 춥니다.
② 친구가 책을 읽습니다.
③ 친구가 편지를 씁니다.
④ 친구가 수영을 합니다.
⑤ 친구가 줄넘기를 합니다.

6
단원
1회

나의 실력에 색칠하세요.
😄 🙂 😣

**개념** 문장 부호 알기

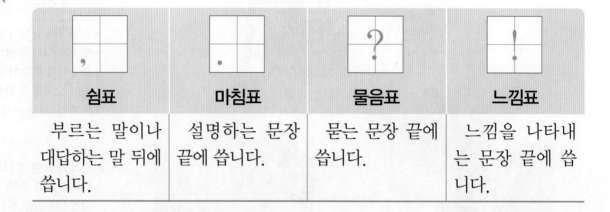

| 쉼표 | 마침표 | 물음표 | 느낌표 |
|---|---|---|---|
| 부르는 말이나 대답하는 말 뒤에 씁니다. | 설명하는 문장 끝에 씁니다. | 묻는 문장 끝에 씁니다. | 느낌을 나타내는 문장 끝에 씁니다. |

**개념 확인** 알맞은 것을 고르며 오늘의 개념을 확인해 보세요.

(1) 문장 부호 '!'의 이름은 '물음표'입니다. ( ○ , × )

(2) '마침표'는 설명하는 문장 끝에 씁니다. ( ○ , × )

**문해력을 높이는 어휘**

• 오늘 배울 중요 어휘를 따라 쓰며 익혀 보세요.

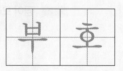
부 호

😊 일정한 뜻을 나타내기 위하여 따로 정하여 쓰는 기호.

예 여러 가지 문장 부호를 배워요.

기 웃 거 리 다

😊 무엇을 보려고 고개나 몸 따위를 이쪽저쪽으로 자꾸 기울이다.

예 지호가 문 앞을 기웃거려요.

# 나무를 심어요

● 정답 13쪽

할아버지 댁에는 마당이 있어요 ㉠

마당에는 작은 꽃이 있고 가끔 고양이도 놀러 와요. 그런데 어찌 된 일인지 나무는 없어요.

 ㉡할아버지, 왜 마당에 나무가 한 그루도 없어요?

 예전에는 나무가 있었단다. 네 키보다 더 컸었지!

 그 나무는 어디로 갔어요?

 바람이 심하게 불던 날에 쓰러지고 말았어.

 마당에 나무가 한 그루 있으면 좋겠어요. 맛있는 감이 열리는 나무요.

 그래, 좋은 생각이구나! 오늘 마당에 감나무를 심자.

---

● 작품 정리

> 할아버지 댁 마당에
> 나무가 없는 까닭

바람이 심하게 불던 날에 나무가 쓰러지고 말았음.

▶ 문장 부호에 알맞게 띄어 읽기
- 쉼표 뒤에는 쐐기표(∨)를 하고 조금 쉬어 읽습니다.
- 마침표, 물음표, 느낌표 뒤에는 겹쐐기표(∨)를 하고 쉼표보다 조금 더 쉬어 읽습니다.
- 글이 끝나는 곳에서는 겹쐐기표(∨)를 하지 않습니다.

그루 식물, 특히 나무를 세는 단위.

---

**1** 할아버지 댁 마당에는 왜 나무가 한 그루도 없는지 쓰세요.

이해

- [ ][ ] 이/가 심하게 불어 나무가 쓰러졌기 때문입니다.

**2** ㉠에 들어갈 문장 부호를 알맞게 쓴 것은 무엇인가요? (     )

적용

① [ , ]  ② [ · ]  ③ [ · ]

④ [ ? ]  ⑤ [ ! ]

**3** ㉡에 쓰인 문장 부호의 이름을 모두 고르세요.

이해

(          )

① 쉼표   ② 마침표   ③ 물음표
④ 느낌표   ⑤ 따옴표

디지털 문해력

**4** 다음 게시판의 질문에 알맞은 댓글을 쓴 친구의 이름을 쓰세요.

적용

---

질문 게시판 >>> 궁금해요

 이 문장은 어떻게 읽어야 하는지 알려 주세요.

> 그래, 좋은 생각이구나! 오늘 마당에 감나무를 심자.

 쉼표와 느낌표 뒤에서 길게 쉬어 읽어요.

솔이 쉼표 뒤에는 조금 쉬어 읽고, 느낌표 뒤에는 쉼표보다 조금 더 쉬어 읽어요.

(          )

---

6

단원

2회

# 꽃에서 나온 코끼리 _ 황K(케이)

• 정답 13쪽

코끼리다!

손을 내밀자 톡 떨어진다.ㄱ

눈을 깜빡깜빡,ㄴ 귀를 팔랑팔랑, 긴 코를 살랑살랑 흔든다.ㄷ

와아, 살아 있는 진짜 코끼리다!ㄹ

"내 필통 구경할래?"

가방에서 필통을 꺼내 코끼리에게 보여 주었다.ㅁ

코끼리는 신기한 듯 기웃거리더니 영차, 필통 속으로 들어갔다.

• 글의 종류: 그림책
• 글의 특징: 꽃에서 나온 코끼리에게 '나'의 필통을 보여 주었습니다.

▶ 띄어 읽을 곳에 ∨와 ≶를 하고 문장을 알맞게 띄어 읽기

> 코끼리다! ≶
> 손을 내밀자 톡 떨어진다. ≶
> 눈을 깜빡깜빡, ∨ 귀를 팔랑팔랑, ∨ 긴 코를 살랑살랑 흔든다. ≶
> 와아, ∨ 살아 있는 진짜 코끼리다! ≶
> 내 필통 구경할래?

기웃거리더니 무엇을 보려고 고개나 몸 따위를 이쪽저쪽으로 자꾸 기울이더니.

**5** 이해
코끼리는 어디에서 나왔는지 한 글자로 쓰세요.

( )

서술형

**6** 감상
보기와 같이 자신이 만나고 싶은 동물은 무엇인지 쓰세요.

> 보기
> 나는 수영을 잘하는 돌고래를 만나고 싶습니다.

• 나는 _____
을/를 만나고 싶습니다.

도움말 자신이 만나고 싶은 동물은 무엇인지, 그 동물의 특징은 무엇인지를 떠올려 보아요.

**7** 적용
ㄱ~ㅁ 중에서 조금 쉬어 읽어야 하는 곳은 어디인가요? ( )

① ㄱ    ② ㄴ    ③ ㄷ
④ ㄹ    ⑤ ㅁ

국어 활동

**8** 적용
다음 편지의 빈칸에 ∨나 ≶를 넣어 띄어 읽기 표시를 알맞게 하세요.

> 두루미야, ☐ 지난번에 내가 준비한 음식을 먹지 못했지? ☐
> 네 부리가 길어서 불편했을 것 같아. ☐
> 우리 집에 납작한 그릇밖에 없었어. ☐
> 다음에는 네 부리에 맞는 그릇을 준비할게. ☐
> 꼭 다시 놀러 와!

**9** 조금 쉬어 읽기(∨)를 하지 <u>않는</u> 문장은 무엇인
이해　가요? (　　　)

> ①어느 날, 나무꾼은 산에서 호랑이를 만
> 났어요. 나무꾼은 깜짝 놀랐지만 차분하게
> 꾀를 냈어요.
>
>  ②형님, 드디어 만났군요!
> ③어찌 내가 네 형님이냐?
> 형님은 호랑이 탈을 쓴 사람이에요.
> ④산에 살고 있지만, 틀림없이 제 형님이
> 십니다.
> 그게 정말이냐?
> ⑤네, 어머니는 형님이 보고 싶어 매
> 일 울고 계세요.

**10** 다음 그림에 알맞은 문장에 ○표 하세요.
이해

(1) 친구와 책을 읽습니다.　　　(　　)

(2) 친구와 자전거를 탑니다.　　(　　)

**11** 문장 부호와 그 쓰임을 알맞게 쓴 것에 ○표
이해　하세요.

(1) ⎡,⎤ : 묻는 문장 끝에 씁니다.　　(　　)

(2) ⎡.⎤ : 설명하는 문장 끝에 씁니다. (　　)

(3) ⎡?⎤ : 느낌을 나타내는 문장 끝에 씁니다.

　　　　　　　　　　　　　　(　　)

(4) ⎡!⎤ : 부르는 말이나 대답하는 말 뒤에 씁
　　　니다.　　　　　　　　　　(　　)

★
**12** 빈칸에 알맞은 문장 부호를 쓰세요.
적용

> 유리: 오빠 ⎡(1)⎤ 학교 마치고 뭐해?
>
> 유준: 친구랑 운동장에서 축구할 거야.
>
> 유리: 나도 같이 놀자.
>
> 유준: 그래, 너도 축구 좋아하니 ⎡(2)⎤
>
> 유리: 응, 좋아해 ⎡(3)⎤
>
> 유준: 잘됐다 ⎡(4)⎤ 그럼 같이 가자.

어법 더하기

**13** 낱말을 바르게 읽지 <u>못한</u> 친구에게 ×표 하세요.
어법

(1) 많다 [만따]　(　　)

(2) 넓다 [널따]　(　　)

(3) 짧다 [짤따]　(　　)

(4) 여덟 [여덜]　(　　)

> 어법 더하기 ⊕ **받침을 읽는 방법**
>
> '넓다'의 받침 'ㄼ'은 [ㄹ]로 소리 나고, 받침 'ㄼ'
> 뒤에 오는 'ㄷ'은 [ㄸ]으로 소리 납니다. 또한 '많다'
> 의 받침 'ㄶ' 뒤에 'ㄷ'이 오면 [ㅌ]으로 소리 납니다.
>
> | 받침 'ㄼ' | 넓다[널따], 짧다[짤따], 여덟[여덜] |
> |---|---|
> | 받침 'ㄶ' | 많다[만타], 않다[안타] |

나의 실력에 색칠하세요.
😄 🙂 😣

6단원 2회

| 1~2 | 다음 문장을 읽고, 물음에 답하세요.

> ㉠오늘 밤나무를 심자.
> ㉡오늘 밤 나무를 심자.

**1** 다음 그림에 알맞은 문장을 골라 기호를 쓰세요.

( 　　　　　 )

**2** ㉠과 ㉡ 문장의 뜻이 서로 다른 까닭은 무엇인가요? ( 　　　 )

① 글자 수가 달라서
② 띄어 읽기가 서로 달라서
③ 서로 다른 사람이 읽어서
④ 문장을 읽은 장소가 달라서
⑤ 서로 다른 시간에 문장을 읽어서

**3** 문장을 알맞게 띄어 읽어야 하는 까닭은 무엇인가요? ( 　　　 )

① 말을 짧게 할 수 있습니다.
② 문장을 빨리 쓸 수 있습니다.
③ 말을 재미있게 할 수 있습니다.
④ 친구를 많이 사귈 수 있습니다.
⑤ 문장의 뜻을 정확하게 이해할 수 있습니다.

| 4~6 | 다음 그림을 보고, 물음에 답하세요.

**4** 그림을 보고 문장을 알맞게 말한 친구의 이름을 쓰세요.

> 민재: 겨울이 되었습니다.
> 예은: 친구들이 물놀이를 합니다.

( 　　　　　 )

**5** 빈칸에 들어갈 알맞은 낱말은 무엇인가요?
( 　　　 )

> [　　　　　] 기뻐합니다.

① 새가　　　　　② 모자가
③ 물병이　　　　④ 하늘이
⑤ 친구들이

**6** 엄마는 무엇을 들고 있나요? ( 　　　 )

① 가방　　　　　② 물총
③ 바위　　　　　④ 돗자리
⑤ 카메라

| 7~8 | 다음 그림을 보고, 물음에 답하세요.

**7** 그림에서 토끼와 다람쥐는 무엇을 타고 있나요? (     )

① 나무          ② 시소
③ 비행기        ④ 자전거
⑤ 미끄럼틀

**8** 그림에 알맞은 문장이 되도록 선으로 이으세요.

(1) 하마가          (2) 호랑이가

ㄱ 그네를           ㄴ 턱걸이를

① 합니다.          ② 탑니다.

| 9~11 | 다음 글을 읽고, 물음에 답하세요.

> ㉠할아버지, 왜 마당에 나무가 한 그루도 없어요?
>
> ㉡예전에는 나무가 있었단다. 네 키보다 더 컸지!
>
> 그 나무는 어디로 갔어요 ㉮
>
> 바람이 심하게 불던 날에 쓰러지고 말았어.
>
> ㉢마당에 나무가 한 그루 있으면 좋겠어요. 맛있는 감이 열리는 나무요.

**9** 남자아이는 마당에 무엇이 열리는 나무가 있으면 좋겠다고 했는지 한 글자로 쓰세요.

(                    )

**10** ㉠~㉢ 중에서 띄어 읽기 표시를 알맞게 한 것에 ○표 하세요.

(1) ㉠: 할아버지,∨왜 마당에 나무가 한 그루도 없어요?∨            (     )

(2) ㉡: 예전에는 나무가 있었단다.∨네 키보다 더 컸지!∨            (     )

(3) ㉢: 마당에 나무가 한 그루 있으면 좋겠어요.∨맛있는 감이 열리는 나무요.∨            (     )

서술형

**11** ㉮에 어떤 문장 부호가 들어가야 하는지 쓰세요.

• 묻는 문장의 끝이므로 [  ][  ][  ] 이/가 들어가야 합니다.

도움말  묻는 문장의 끝에는 어떤 부호가 들어가는지 생각해 보세요.

6 단원 3회

**12** 마침표에 대한 설명으로 알맞은 것은 무엇인가요? ( )

① 모든 문장 끝에 씁니다.
② 묻는 문장 끝에 씁니다.
③ 설명하는 문장 끝에 씁니다.
④ 느낌을 나타내는 문장 끝에 씁니다.
⑤ 문장 가운데 대답하는 말 뒤에 씁니다.

**|13~14|** 다음 글을 읽고, 물음에 답하세요.

> 코끼리다!
> 손을 내밀자 톡 떨어진다.
> 눈을 깜빡깜빡,㉠귀를 팔랑팔랑,㉡긴 코를 살랑살랑 흔든다.
> 와아,㉢살아 있는 진짜 코끼리다!
> "내 필통 구경할래?"
> 가방에서 필통을 꺼내 코끼리에게 보여 주었다.㉣
> 코끼리는 신기한 듯 기웃거리더니 영차,㉤필통 속으로 들어갔다.

**13** 코끼리가 들어간 곳으로 알맞은 것에 ○표 하세요.

(1) 꽃 ( )
(2) 필통 ( )

**14** ㉠~㉤ 중에서 ∨를 하는 곳은 어디인가요? ( )

① ㉠  ② ㉡  ③ ㉢
④ ㉣  ⑤ ㉤

**15** 다음 편지를 읽고, 물음에 답하세요.

> ㉠두루미야, ㉡지난번에 내가 준비한 음식을 먹지 못했지?
> 네 부리가 길어서 불편했을 것 같아.
> ㉢우리 집에 납작한 그릇밖에 없었어.
> 다음에는 네 부리에 맞는 그릇을 준비할게.
> ㉣꼭 다시 놀러 와!

**1** 단계 ㉠~㉣에 쓰인 문장 부호의 이름을 쓰세요.

| | |
|---|---|
| (1) ㉠ | |
| (2) ㉡ | |
| (3) ㉢ | |
| (4) ㉣ | |

**도움말** 이 단원에서 배운 문장 부호에는 쉼표, 마침표, 물음표, 느낌표가 있어요.

**2** 단계 ㉡~㉣ 중에서 뒤에 ∨를 하지 않는 곳의 기호와 그 까닭을 쓰세요.

• ☐ 입니다. 왜냐하면 글이 ☐☐ ☐ 곳 뒤에서는 ∨를 하지 않기 때문입니다.

**도움말** 글이 끝나는 곳에서는 ∨를 하지 않는다는 것을 꼭 기억하세요.

# 어떤 낱말이 숨어 있을까?

다음 뜻에 알맞은 낱말을 모래 속에서 찾아 ○표 하세요.

❶ 여럿이 서로 잘 조화되어 자연스럽게 보이다.

❷ 말이나 글로 생각을 나타내는 가장 작은 단위.

❸ 무엇을 보려고 고개나 몸 따위를 이쪽저쪽으로 자꾸 기울이다.

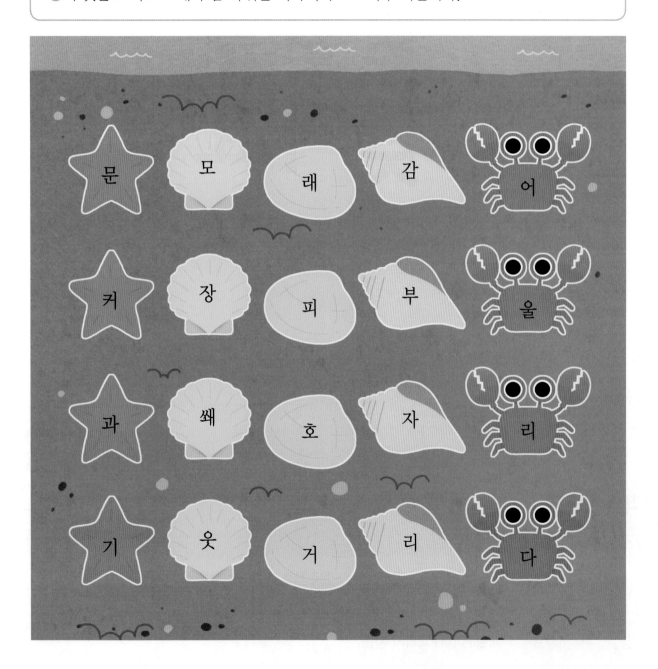

| 문 | 모 | 래 | 감 | 어 |
| 커 | 장 | 피 | 부 | 울 |
| 과 | 쐐 | 호 | 자 | 리 |
| 기 | 웃 | 거 | 리 | 다 |

 거꾸로 정답  ❶어울리다 ❷낱말 ❸기웃거리다

# 7 알맞은 낱말을 찾아요

온라인
학습 진도표

## 학습 진도표

| 회차 | 백점 쪽수 | 오늘 학습할 내용 | 학습 주제 |
|---|---|---|---|
| 1 | 132~135쪽 | 개념+어휘+교과서 지문 | 문장으로 표현하면 좋은 점 / 여러 가지 받침이 있는 낱말 읽고 쓰기 / 그림을 보고 낱말 찾기 |
| 2 | 136~139쪽 | 개념+어휘+교과서 지문 | 그림을 보고 문장으로 말하기 / 「도서관 고양이」 / 마무리하기 |
| 3 | 140~143쪽 | 대단원 평가+낱말 놀이터 | |

묶다

**쌍받침**을 배워요.

그림에 어울리는
**문장**을 만들어요.

여러 가지 문장을
**완성**해요.

7
단원

개념　여러 가지 받침이 있는 낱말 알기

- '낚', '갔'의 받침 'ㄲ', 'ㅆ'처럼 같은 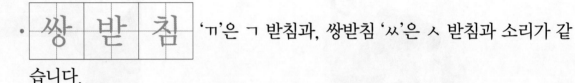 가 겹쳐서 된 받침을 '쌍받침'이라고 합니다.

- 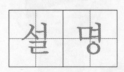 'ㄲ'은 ㄱ 받침과, 쌍받침 'ㅆ'은 ㅅ 받침과 소리가 같습니다.

- '박'과 '밖'처럼 받침이 쌍받침으로 바뀌면 낱말의 뜻이 달라집니다.

개념 확인　**알맞은 것을 고르며 오늘의 개념을 확인해 보세요.**

(1) 같은 자음자가 겹쳐서 된 받침을 '쌍받침'이라고 합니다. ( ○ , × )

(2) ㅆ 받침은 ㄱ 받침과 읽을 때 소리가 같습니다. ( ○ , × )

문해력을 높이는 **어휘**

- 오늘 배울 중요 어휘를 따라 쓰며 익혀 보세요.

설 명

뜻 어떤 것을 남이 잘 알 수 있도록 말하는 것.
예 우리 집을 설명해요.

완 성

뜻 일을 다 이룸.
예 블록으로 집을 완성했어요.

# 문장으로 표현하면 좋은 점

• 정답 14쪽

❶ 요리를 배우러 왔습니다.

❷ 제가 알려 주는 대로 잘 따라 해 보세요.

• **특징**: 사자가 문장이 아닌 낱말만 말해서 곰이 사자의 설명을 알아듣기 어려운 상황이 나타나 있습니다.

• **활동 정리**

| 사자가 잘못한 점 | 문장으로 설명하지 않음. |
|---|---|
| 결과 | 설명하는 말을 알아듣기 어려움. |

↓

| 알게 된 점 |
|---|
| 하고 싶은 말을 낱말이 아닌 문장으로 표현해야 정확하게 전달할 수 있음. |

❸ 넣으세요. 무엇을 넣어요?

❹ 꿀을! 어디에 넣어요?

❺ 냄비에!

❻ 설명을 알아듣기 어려워.

설명 어떤 것을 남이 잘 알 수 있도록 말하는 것.

---

**1** 곰이 사자를 찾아온 까닭은 무엇인가요?

이해

( )

① 요리를 배우기 위해서
② 요리 대회에 나가기 위해서
③ 요리 재료를 전해 주기 위해서
④ 사자가 만든 음식을 먹기 위해서
⑤ 사자에게 음식을 만들어 주기 위해서

**2** 곰이 사자의 설명을 알아듣기 어려웠던 까닭

이해 에 ○표 하세요.

(1) 사자가 작은 소리로 말했기 때문에

( )

(2) 사자가 어려운 낱말로 설명했기 때문에

( )

(3) 사자가 문장으로 설명하지 않았기 때문에

( )

**3** 사자가 곰에게 하고 싶던 말은 무엇이었을지

추론 쓰세요.

• "꿀을 ☐☐에 넣으세요."

**★**

**4** 하고 싶은 말을 문장으로 표현하면 좋은 점을

적용 알맞게 말한 친구의 이름을 쓰세요.

주원: 전달할 내용을 빠르게 말할 수 있어.
고은: 말하지 않아도 다른 사람의 생각을 알 수 있어.
하준: 자신의 생각이나 전달할 내용을 상대에게 정확하게 전달할 수 있어.

( )

**7**
단원
**1**회

# 여러 가지 받침이 있는 낱말 읽고 쓰기 ● 정답 14쪽

**★5** 그림에 알맞은 낱말에 ○표 하세요.
이해

(1)

• ( 박, 밖 )이 주렁주렁 열렸습니다.

(2)

• 나는 강아지와 함께 ( 박, 밖 )으로 나갔습니다.

---

디지털 문해력

**6** 다음 온라인 대화를 보고 밑줄 친 낱말의 받침
적용 을 잘못 쓴 사람을 쓰세요.

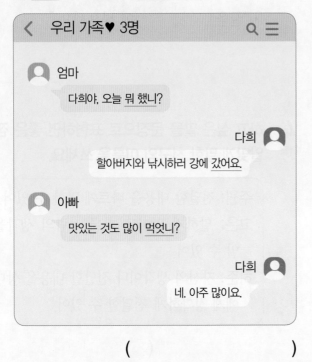

(          )

---

**7** ㉠과 ㉡에 들어갈 알맞은 글자는 무엇인가요?
어휘 (    )

| 떡 | | | | | |
|---|---|---|---|---|---|
| ㉠ | 음 | 밥 | | 손 | |
| 이 | | | | 톱 | |
| | 연 | 필 | ㉡ | 이 | |
| | | 이 | | | |

|  | ㉠ | ㉡ |
|---|---|---|
| ① | 복 | 각 |
| ② | 복 | 깍 |
| ③ | 볶 | 깍 |
| ④ | 볶 | 깎 |
| ⑤ | 뽁 | 깎 |

---

**8** ─보기─에서 알맞은 받침을 골라 낱말을 완성하
적용 세요.

┌─보기──────────────┐
│ ㄱ    ㄲ    ㅅ    ㅆ │
└──────────────────┘

(1)

이를 **다 다**.

(2)
물건을 **사 다**.

| 9~10 | 다음 그림을 보고, 물음에 답하세요.

**9** 다음 그림에 어울리는 낱말은 무엇인가요?
이해

(     )

① 수영      ② 야구      ③ 축구
④ 줄넘기      ⑤ 훌라후프

**10** 다음 그림에 알맞은 문장을 찾아 각각 선으로
이해 이으세요.

(1) •

• ㉮ 여우가 자전거를 타요.

(2) •

• ㉯ 원숭이가 달리기를 해요.

(3) •

• ㉰ 사자가 하늘에 연을 날려요.

서술형
**11** ┌보기┐와 같이 그림에 어울리는 문장을 쓰세요.
적용

동생
나

┌보기┐
동생이 문을 두드립니다.

• 나는 _____

_____

도움말 그림에 누가 등장하는지, 무엇이 어디에 있는지, 누가 무엇
을 하는지 등을 살펴보고 써 보아요.

국어 활동
**12** 그림에 어울리는 문장이 <u>아닌</u> 것은 무엇인가
적용 요? (     )

① 아빠는 수박을 땁니다.
② 엄마는 수박을 자릅니다.
③ 우리는 원두막에 있습니다.
④ 동생과 나는 수박을 심습니다.
⑤ 강아지는 수박밭을 뛰어다닙니다.

**7**
단원
1회

나의 실력에 색칠하세요.

**개념** 여러 가지 문장 말하기

| | |
|---|---|
| 무엇이 어디에 속하는지 나타내고 싶을 때<br>포함되는지 | 무엇은 무엇입니다<br>예 한복은 옷입니다. |
| 움직임이나 움직이는 모 습 을 나타낼 때 | 누가 무엇을 합니다<br>예 나는 한복을 입습니다. |
| 모습이나 상태를 나타낼 때 | 무엇이 어떠합니다<br>예 한복이 아름답습니다. |

**개념 확인** 알맞은 것을 고르며 오늘의 개념을 확인해 보세요.

(1) 움직임을 나타낼 때에는 "무엇이 어떠합니다."와 같이 표현합니다.

( ○ , × )

(2) 무엇이 어디에 속하는지 나타내고 싶을 때에는 "무엇은 무엇입니다."와
같이 표현합니다.

( ○ , × )

**문해력을 높이는 어휘**

• 오늘 배울 중요 어휘를 따라 쓰며 익혀 보세요.

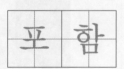
포 함

뜻 무엇이 어디에 속하는 것.

예 사과, 포도, 귤은 과일에 포함돼요.

움 직 이 다

뜻 멈추어 있던 자세나 자리가 바뀌다.

예 책상을 뒤로 움직여요.

# 그림을 보고 문장으로 말하기

● 정답 15쪽

|1~2| **다음 그림을 보고, 물음에 답하세요.**

**1** 그림에 알맞은 낱말을 선으로 바르게 이으세요.
이해

(1) 그림 ❶ •  • ㉮ 꽃

(2) 그림 ❷ •  • ㉯ 동물

(3) 그림 ❸ •  • ㉰ 과일

(4) 그림 ❹ •  • ㉱ 옷

★
**2** 무엇이 무엇에 포함되는지 생각하며 빈칸에 들어갈 알맞은 낱말을 보기 에서 찾아 쓰세요.
적용

┌─보기─
│   과일    장미    오리
└─────

(1) (                )은/는 꽃입니다.

(2) (                )은/는 동물입니다.

(3) 복숭아는 (                )입니다.

|3~5| **다음 그림을 보고, 물음에 답하세요.**

**3** 원숭이는 무엇을 하고 있나요? (        )
이해

① 풍선을 불고 있습니다.

② 선물을 주고 있습니다.

③ 케이크를 먹고 있습니다.

④ 피아노를 치고 있습니다.

⑤ 호랑이와 이야기하고 있습니다.

**4** 누가 딸기를 먹고 있나요? (        )
이해

① 곰              ② 토끼

③ 원숭이          ④ 호랑이

⑤ 거북이

**5** 호랑이가 무엇을 하고 있는지 쓰세요.
이해

• 호랑이가 [   ][   ] 춥니다.

# 도서관 고양이 _최지혜

● 정답 15쪽

❶ 아이들이 뒹굴뒹굴 키득키득 그림책을 들여다보고 있더라.

재미있나? 궁금해졌어.

우아, 그림책이 이렇게 많다니!

눈은 휘둥그레, 귀는 쫑긋, 한눈에 반하고야 말았어.

어느새 꼬리도 하늘 높이 번쩍 솟아올랐지.

**중심 내용 |** '나(고양이)'는 아이들이 읽는 그림책에 한눈에 반했습니다.

❷ 나는 그만 그림책에 푹 빠져서 매일 밤 신기한 여행을 떠났어.

첫째 날에는 기차 여행을 했어.

끝없는 다리를 건너서 눈보라를 헤치고 우주 끝까지!

하루는 바닷속 여행을 했어. 용왕님이 나를 초대했거든.

물 따위 무섭지 않아. 왜냐하면 나는 용감한 고양이니까!

(앞에 걸리는 것을 물리치고)

너도 같이 놀래? 기다리고 있을게!

**중심 내용 |** '나'는 그림책을 읽으며 매일 밤 신기한 여행을 떠났습니다.

---

• **글의 종류:** 이야기
• **글의 특징:** '내(고양이)'가 매일 그림책을 읽으며 신기한 여행을 떠난다는 이야기입니다.

• **작품 정리**

> '나'는 아이들이 읽는 그림책에 한눈에 반함.
>
> ↓
>
> '나'는 그림책을 읽으며 매일 밤 신기한 여행을 함.

**휘둥그레** 놀라거나 두려워서 눈이 크고 동그랗게 되는 모양.
**번쩍** 몸의 한 부분을 갑자기 위로 높이 들어 올리는 모양.
**용감한** 용기가 있으며 씩씩하고 기운찬.

---

**6** '나'는 아이들을 보면서 무엇이 궁금해졌나요?
이해
( )

① 아이들이 읽고 있는 책
② 아이들이 입고 있는 옷
③ 아이들이 보고 있는 영화
④ 아이들이 타고 있는 기차
⑤ 아이들이 먹고 있는 간식

**서술형**

**7** 보기에서 알맞은 말을 골라 그림에 어울리는 문장을 쓰세요.
적용

┌─보기─────────────────┐
│ 책을      헤엄을      여행을 │
│ 탑니다    칩니다      봅니다 │
└──────────────────────┘

• 고양이가 _____

_____.

**도움말** "누가 무엇을 합니다."와 같이 문장을 써요.

**8** 낱말과 그 뜻이 알맞은 것에 ○표 하세요.
어휘
(1) 번쩍: 용기가 있으며 씩씩하고 기운찬.
( )
(2) 용감한: 몸의 한 부분을 갑자기 위로 높이 들어 올리는 모양. ( )
(3) 휘둥그레: 놀라거나 두려워서 눈이 크고 동그랗게 되는 모양. ( )

**9** 도서관에서 빌린 책 가운데에서 가장 재미있게 읽은 책 제목을 떠올려 쓰세요.
적용
( )

|10~11| **다음 그림을 보고, 물음에 답하세요.**

**10** 잠을 자는 것은 누구인가요? (    )

이해

① 곰        ② 생쥐

③ 토끼      ④ 여우

⑤ 고슴도치

★
**11** 빈칸에 들어갈 알맞은 낱말을 찾아 선으로 이

적용 **으세요.**

(1) | 곰이 재채기를 [    ]. | • | •⑦ | 차를 |

(2) | 여우가 [    ] 마십니다. | • | •⑭ | 합니다 |

**12** 빈칸에 들어갈 알맞은 말은 무엇인가요?

적용

(    )

> 나는 어머니와 함께 버스를 [    ].

① 깎습니다      ② 닦습니다

③ 떴습니다      ④ 묶습니다

⑤ 탔습니다

어법 더하기

**13** 보기와 같이 서로 어울리는 낱말을 찾아 선

어법 **으로 이으세요.**

보기

> 장갑 – 끼다

(1) | 양말 | • | •⑦ | 입다 |

(2) | 바지 | • | •⑭ | 신다 |

어법 더하기⊕ **서로 어울리는 낱말**

우리말에는 서로 어울리는 낱말이 있습니다. 문장을 자연스럽게 쓰려면 서로 어울리는 낱말을 알고 짝 지어 쓸 수 있어야 합니다.

| 무엇을 예 | 어찌하다 예 |
| --- | --- |
| 옷을, 바지를 | 입다 |
| 신발을, 양말을 | 신다 |
| 모자를, 안경을 | 쓰다 |
| 장갑을, 반지를 | 끼다 |
| 신발 끈을 | 묶다 |
| 가방을 | 메다 |

7
단원

2회

나의 실력에 색칠하세요.

**1** ㉠~㉤ 중 같은 자음자가 겹쳐서 된 받침이 들어간 낱말을 모두 찾아 기호를 쓰세요.

> 지난 ㉠주말에 할아버지와 함께 ㉡낚시를 하러 강에 ㉢갔다. 그런데 ㉣물고기를 한 마리도 못 잡아서 ㉤슬펐다.

(                    )

**2** 글짜의 짜임을 생각하며 빈칸에 알맞은 받침을 쓰세요.

나는 어제 공을 | ㅊ | ㅏ |
| ㄷ | ㅏ |

**3** 빈칸에 들어갈 알맞은 글자를 찾아 선으로 이으세요.

(1) 손톱을 ☐다   ·          · ㉮   었

(2) 포도를 먹☐다   ·        · ㉯   깎

| 4~5 | 다음 그림을 보고, 물음에 답하세요.

**4** 이 그림을 보고 문장을 만들 때 다음 빈칸에 들어갈 알맞은 말은 무엇인가요? (          )

> ☐☐☐☐ 날아갑니다.

① 책이        ② 참새가
③ 연필이      ④ 화분이
⑤ 침대가

서술형

**5** 문제 **4**번과 같이 알맞은 말을 넣어 그림에 어울리는 문장을 완성하세요.

(1) _____ 떴습니다.

(2) 나는 _____ 켭니다.

도움말 그림을 살펴보며 문장에 필요한 말이 무엇인지 생각해 보아요.

**6** 그림에 알맞은 문장은 무엇인가요? ( )

① 모자는 벽에 걸려 있습니다.
② 사과는 바구니 안에 있습니다.
③ 옷걸이는 침대 위에 있습니다.
④ 그림은 바닥에 떨어져 있습니다.
⑤ 베개는 침대 아래에 놓여 있습니다.

| 7~8 | 다음 그림을 보고, 물음에 답하세요.

**7** 그림 가에 알맞은 낱말은 무엇인가요?
( )

① 옷      ② 책      ③ 과일
④ 동물      ⑤ 보석

**8** 그림 나에 어울리는 문장이 아닌 것에 ×표 하세요.

(1) 장미는 꽃입니다. ( )
(2) 꽃이 아름답습니다. ( )
(3) 장미가 빨갛습니다. ( )
(4) 나는 꽃을 땄습니다. ( )

| 9~11 | 다음 글을 읽고, 물음에 답하세요.

　나는 그만 그림책에 푹 빠져서 매일 밤 신기한 여행을 떠났어.
　첫째 날에는 기차 여행을 했어. / 끝없는 다리를 건너서 눈보라를 헤치고 우주 끝까지!
　하루는 바닷속 여행을 했어. 용왕님이 나를 초대했거든.
　물 따위 무섭지 않아. 왜냐하면 나는 용감한 고양이니까!
　너도 같이 놀래? 기다리고 있을게!

**9** '나'는 그림책에 푹 빠져서 무엇을 했나요?
( )

① 그림을 그렸습니다.
② 수영을 배웠습니다.
③ 서점에 책을 사러 갔습니다.
④ 도서관에서 책을 정리했습니다.
⑤ 매일 밤 책을 읽으며 신기한 여행을 떠났습니다.

**10** '내'가 물이 무섭지 않다고 말한 까닭으로 알맞은 것에 ○표 하세요.

(1) 수영을 잘해서 ( )
(2) 용감한 고양이라서 ( )
(3) 물보다 불이 더 무서워서 ( )

**11** 다음은 이 글의 낱말 중 어떤 낱말의 뜻인가요? ( )

용기가 있으며 씩씩하고 기운찬.

① 신기한      ② 무섭지
③ 끝없는      ④ 용감한
⑤ 기다리고

| 12~13 | 다음 그림을 보고, 물음에 답하세요.

**12** 다음 빈칸에 들어갈 알맞은 말을 찾아 선으로 이으세요.

(1) 새들이 ☐ 위에 앉아 있습니다. • • ㉮ 물통

(2) 안경 쓴 아이가 ☐ 을/를 들고 있습니다. • • ㉯ 나뭇가지

**13** 알맞은 말에 ○표 하여 그림에 어울리는 문장을 완성하세요.

할아버지와 강아지가 ☐ .

(1) 산책을 합니다.         (         )
(2) 공놀이를 합니다.       (         )

**14** '모자'와 함께 썼을 때 서로 어울리는 낱말은 무엇인가요? (         )

① 끼다         ② 묶다         ③ 신다
④ 쓰다         ⑤ 입다

**15** 다음 그림을 보고, 물음에 답하세요.

**1 단계** → 보기 와 같이 질문에 알맞은 답을 쓰세요.

┌─보기───────────────────
│ 누가 딸기를 먹는지 쓰세요.
│ ➡ (          토끼          )
└────────────────────────

(1) 누가 춤을 추는지 쓰세요.
   ➡ (                              )
(2) 누가 노래를 하는지 쓰세요.
   ➡ (                              )

도움말 그림을 보고 '누가' 무엇을 하고 있는지 생각해 보세요.

**2 단계** **1 단계** 에서 답한 내용을 바탕으로 그림에서 누가 무엇을 하는지 쓰세요.

(1) ＿＿＿＿＿＿＿＿＿＿ 춤을 춥니다.

(2) ＿＿＿＿＿＿＿＿＿＿＿ 부릅니다.

도움말 움직임이나 움직이는 모양을 나타낼 때에는 "누가 무엇을 합니다."와 같이 표현합니다.

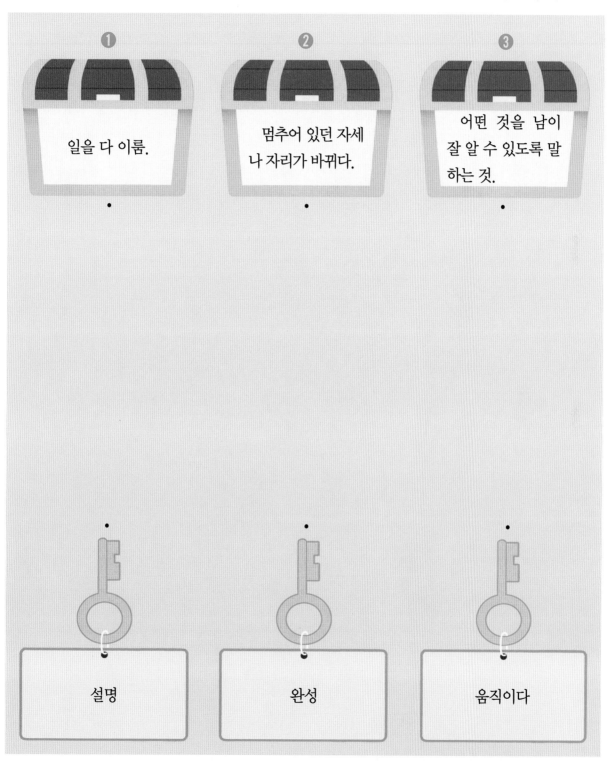

# 보물 상자에 맞는 열쇠는 무엇일까?

보물 상자 안의 낱말의 뜻과 어울리는 낱말이 쓰인 열쇠를 찾아 선으로 이으세요.

① 일을 다 이룸.

② 멈추어 있던 자세나 자리가 바뀌다.

③ 어떤 것을 남이 잘 알 수 있도록 말하는 것.

설명

완성

움직이다

## 어휘력을 높이는
## 초능력 맞춤법 + 받아쓰기

- 쉽고 빠르게 배우는 **맞춤법 학습**
- 단계별 낱말과 문장 **바르게 쓰기 연습**
- 학년, 학기별 국어 교과서 **어휘 학습**

➕ 선생님이 불러 주는 듣기 자료, 맞춤법 원리 학습 동영상 강의

1~2학년 1, 2학기(전 4권)

## 빠르고 재밌게 배우는
## 초능력 구구단

- 3회 누적 학습으로 **구구단 완벽 암기**
- 기초부터 활용까지 **3단계 학습**
- 개념을 시각화하여 **직관적 구구단 원리 이해**
- 다양한 유형으로 구구단 **유창성과 적용력 향상**

➕ 구구단송

1~2학년 대상

## 원리부터 응용까지
## 초능력 시계·달력

- 초등 1~3학년에 걸쳐 있는 시계 학습을 **한 권으로 완성**
- 기초부터 활용까지 **3단계 학습**
- 개념을 시각화하여 **시계달력 원리를 쉽게 이해**
- 다양한 유형의 **연습 문제와 실생활 문제로 흥미 유발**

➕ 시계·달력 개념 동영상 강의

1~2학년 대상

# 백점

## 국어 1·1

### 평가북

● 학교 시험 대비 수준별 **단원 평가**

2022 개정 교육과정

동아출판

## 평가북 구성과 특징

**1 수준별 단원 평가 A단계**

학교에서 실시하는 객관식 문항의
단원 평가를 완벽하게 대비할 수 있습니다.

**2 수준별 단원 평가 B단계**

학교에서 실시하는 서술형 문항이 포함된
단원 평가를 확실하게 대비할 수 있습니다.

## 평가북 구성과 특징

# 백점
## 국어 1·1
평가북

● **차례**

❶ 1단원 ·········· 2쪽

❷ 2단원 ·········· 6쪽

❸ 3단원 ·········· 10쪽

❹ 4단원 ·········· 14쪽

❺ 5단원 ·········· 18쪽

❻ 6단원 ·········· 22쪽

❼ 7단원 ·········· 26쪽

따라 쓰기 ·········· 30쪽

|1~2| 다음 그림을 보고, 물음에 답하세요.

**1** 이 그림에 숨어 있는 자음자가 <u>아닌</u> 것은 무엇인가요? (　　)

① ㄱ　　② ㄴ　　③ ㄹ
④ ㅁ　　⑤ ㅈ

**2** 이 그림에 숨어 있는 자음자와 모음자로 만들 수 있는 낱말에 ○표 하세요.

(1) 가지　　　　　　　　　　(　　)
(2) 나라　　　　　　　　　　(　　)
(3) 우리　　　　　　　　　　(　　)

**3** 모음자가 자음자의 아래쪽에 있는 글자는 무엇인가요? (　　)

① 게　　　　　　② 파
③ 가지　　　　　④ 포도
⑤ 바나나

|4~5| 다음 표를 보고, 물음에 답하세요.

| 모음자<br>자음자 | ㅏ | ㅑ | ㅓ | ㅕ | ㅗ | ㅛ | ㅜ | ㅠ | ㅡ | ㅣ |
|---|---|---|---|---|---|---|---|---|---|---|
| ㅁ | 마 | ㉠ | 머 | 며 | 모 | 묘 | 무 | 뮤 | 므 | 미 |
| ㅂ | 바 | 뱌 | 버 | 벼 | 보 | 뵤 | 부 | 뷰 | 브 | 비 |
| ㅅ | 사 | 샤 | 서 | 셔 | 소 | 쇼 | ㉡ | 슈 | 스 | 시 |
| ㅇ | 아 | 야 | 어 | 여 | 오 | 요 | 우 | 유 | 으 | 이 |
| ㅈ | 자 | 쟈 | 저 | 져 | 조 | 죠 | 주 | 쥬 | 즈 | 지 |

**4** ㉠과 ㉡에 들어갈 알맞은 글자를 쓰세요.

(1) ㉠: (　　　　　　　　　)
(2) ㉡: (　　　　　　　　　)

**5** 표에서 글자를 찾아 그림에 알맞은 낱말을 완성하세요.

**6** 글을 읽을 때의 바른 자세가 <u>아닌</u> 것은 무엇인가요? (       )

① 두 손으로 책을 잡고 읽습니다.
② 허리를 곧게 펴고 앉아 읽습니다.
③ 손으로 턱을 받치지 않고 읽습니다.
④ 고개를 옆으로 기울이고 읽습니다.
⑤ 책과 눈의 거리를 알맞게 하고 읽습니다.

**8** 모음자 'ㅐ'가 들어간 낱말을 보기 에서 모두 찾아 쓰세요.

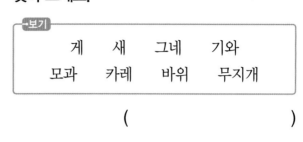

┌─보기─────────────────────────┐
│   게     새    그네    기와   │
│   모과   카레   바위   무지개   │
└───────────────────────────┘

(                              )

**9** 모음자를 쓰는 순서에 맞게 빈칸에 ①~④를 쓰세요.

**7** 바른 자세로 글씨를 쓰는 친구에게 ○표 하세요.

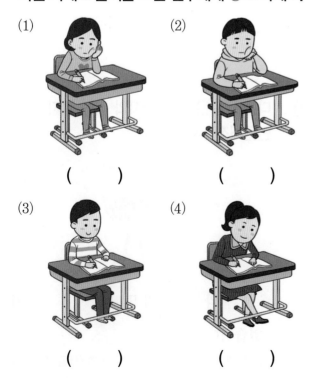

(1)                    (2)

(       )              (       )

(3)                    (4)

(       )              (       )

**10** 그림에 알맞은 낱말을 선으로 이으세요.

(1)        •         • ㉮  바다

                     • ㉯  바더

(2)        •         • ㉮  도툐리

                     • ㉯  도토리

|1~2| 다음 그림을 보고, 물음에 답하세요.

바나나
포도
사과

**1** 자음자와 모음자가 옆으로 만나 글자가 되는 낱말에 ○표 하세요.

(1)

바나나

(　　　)

(2)

포도

(　　　)

**2** '사과'에 들어간 자음자가 모두 들어간 낱말은 무엇인가요? (　　　)

① 고추　　　　② 나비
③ 새우　　　　④ 소개
⑤ 조개

**3** 다음 그림을 보고 필요한 자음자와 모음자를 넣어 글자를 만드세요.

|4~5| 다음 표를 보고, 물음에 답하세요.

| 모음자<br>자음자 | ㅏ | ㅑ | ㅓ | ㅕ | ㅗ | ㅛ | ㅜ | ㅠ | ㅡ | ㅣ |
|---|---|---|---|---|---|---|---|---|---|---|
| ㅈ | 자 | 쟈 | 저 | 져 | 조 | 죠 | 주 | 쥬 | 즈 | 지 |
| ㅊ | 차 | 챠 | 처 | 쳐 | 초 | 쵸 | 추 | 츄 | 츠 | 치 |
| ㅋ | 카 | 캬 | 커 | 켜 | 코 | 쿄 | 쿠 | 큐 | 크 | 키 |
| ㅌ | 타 | 탸 | 터 | 텨 | 토 | 툐 | 투 | 튜 | 트 | 티 |
| ㅍ | 파 | 퍄 | 퍼 | 펴 | 포 | 표 | 푸 | 퓨 | 프 | 피 |
| ㅎ | 하 | 햐 | 허 | 혀 | 호 | 효 | 후 | 휴 | 흐 | 히 |

**4** 표에 있는 글자로 만들 수 <u>없는</u> 낱말은 무엇인가요? (　　　)

① 차표　　　　② 커피
③ 튜브　　　　④ 피자
⑤ 휴지

서술형

**5** 다음 낱말은 어떤 글자와 어떤 글자가 만나서 만들어졌는지 쓰세요.

• '　　　'와 '　　　'가 만나 '　　　'가 되었습니다.

도움말 그림 속 동물의 이름을 떠올리고 표에서 글자를 찾아보세요.

● 정답 16쪽

**6** 글을 읽을 때의 바른 자세에 대하여 알맞게 말한 친구의 이름을 쓰세요.

난 눈이 나쁘니까 고개를 푹 숙이고 책을 읽을 거야.

민기

난 머리가 아파서 손으로 턱을 받치고 책을 읽어야 겠어.

재윤

난 허리를 곧게 펴고 앉아서 책을 읽을 거야.

지호

( )

**7** 다음 친구가 글씨를 쓰는 자세에서 고쳐야 할 점을 쓰세요.

• 글씨를 쓸 때에는 [ ] 을/를 똑바로

들고, 다리를 _____

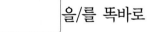

도움말 글씨를 쓸 때 고개를 비뚤게 하거나 다리를 꼬면 안 된다는 것을 기억하세요.

**8** 다음 낱말에서 찾을 수 있는 모음자를 모두 고르세요. ( )

꿰매다

① ㅏ　　② ㅜ　　③ ㅐ
④ ㅙ　　⑤ ㅔ

**9** 보기 에서 자음자와 모음자를 골라 그림에 알맞은 낱말을 만드세요.

보기

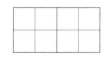

**10** 모음자를 쓰는 순서가 알맞은 것은 무엇인가요? ( )

① 　②

③ 　④

⑤

1
단원
B단계

**1** 다음 그림에 알맞은 낱말을 만들기 위하여 빈 곳에 들어가야 할 받침은 무엇인가요?

( )

자

① ㄱ ② ㅁ ③ ㅇ
④ ㅂ ⑤ ㅎ

**2** 빈 곳에 알맞은 받침을 써서 그림에 어울리는 낱말을 완성하세요.

⑴ 지
⑵ 벼
⑶ 무

**3** 다음 그림에 알맞은 낱말을 만들기 위하여 필요한 받침을 선으로 이으세요.

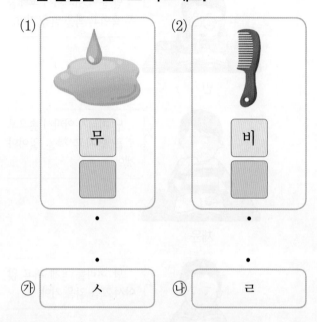

⑴ 무

⑵ 비

㉮ ㅅ

㉯ ㄹ

**4** 받침이 <u>없는</u> 낱말은 무엇인가요? ( )
① 팥 ② 못
③ 김밥 ④ 놀이터
⑤ 바나나

**5** 같은 받침이 쓰인 글자 두 가지를 고르세요.

( )

① 참외 ② 수박
③ 복숭아 ④ 살구
⑤ 오렌지

**6** 받침을 잘못 쓴 글자를 바르게 고쳐 쓰세요.

(1)

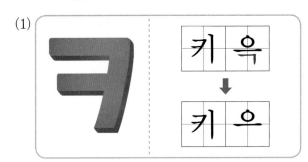

키 윽
↓
키 으

(2)

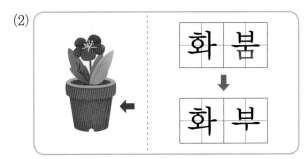

화 붐
↓
화 부

**7** 빈칸에 알맞은 받침을 써서 그림에 어울리는 낱말을 완성하세요.

(1) 소 ☐

(2) 수 ☐

**8** 발표를 할 때의 바른 자세는 무엇인가요?

( )

① 삐딱하게 섭니다.
② 딴 곳을 바라봅니다.
③ 허리를 곧게 세웁니다.
④ 작은 목소리로 말합니다.
⑤ 손을 주머니에 넣습니다.

|9~10| **다음 시를 읽고, 물음에 답하세요.**

> 풍덩 ㉠엄마 오리,
> 못물 속에 풍덩.
>
> 퐁당 아기 오리,
> 엄마 따라 퐁당.

**9** 엄마 오리와 아기 오리의 모습으로 알맞은 것은 무엇인가요? ( )

① 엄마 오리와 아기 오리가 함께 날아갑니다.
② 엄마 오리와 아기 오리가 같이 물을 마십니다.
③ 엄마 오리와 아기 오리가 같이 노래를 부릅니다.
④ 엄마 오리를 따라 아기 오리도 못물 밖으로 나갑니다.
⑤ 엄마 오리를 따라 아기 오리도 못물 속으로 들어갑니다.

**10** ㉠'엄마'와 같은 받침이 쓰인 낱말은 무엇인가요? ( )

① 공        ② 길
③ 컵        ④ 기린
⑤ 보름달

**1** →보기 처럼 자음자와 모음자를 사용하여 받침이 있는 글자를 만들어 쓰세요.

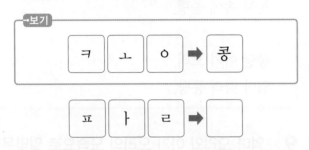

→보기

| ㅋ | ㅗ | ㅇ | ➡ | 콩 |

| ㅍ | ㅏ | ㄹ | ➡ | |

**2** 그림 속 낱말 중 받침으로 쓰인 자음자가 <u>아닌</u> 것은 무엇인가요? ( )

구름
숲
집
벽
벌

① ㄱ     ② ㄴ     ③ ㄹ
④ ㅁ     ⑤ ㅂ

 서술형

**3** 글자의 짜임을 생각하여 받침이 들어가는 자리가 어디인지 쓰세요.

• 받침은 글자의 [ ] [ ] [ ] 에 들어갑니다.

도움말 자음자와 모음자로 이루어진 글자에서 받침이 들어가는 자리가 어디인지를 떠올려 보아요.

**4** 그림에 어울리는 낱말이 되도록 →보기 에서 알맞은 받침을 찾아 빈 곳에 써넣으세요.

→보기
ㄱ ㅇ ㅂ ㅋ ㅎ

(1)
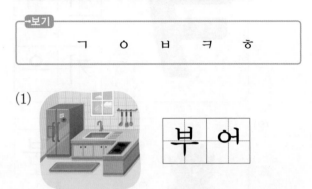

| 부 | | 어 | |

(2)

| 도 | 수 | 리 | |

**5** 다음 세 낱말을 완성하기 위해 빈칸에 공통으로 들어가야 하는 받침은 무엇인지 쓰세요.

| 바지 | | 화부 | | 누 |

( )

**6** 색칠한 받침의 소리가 나머지와 <u>다른</u> 낱말은 무엇인가요? (      )

① 꽃

② 열쇠

③ 팥죽

④ 숟가락

⑤ 젓가락

**7** '바'에 다음 받침을 더하면 어떤 글자가 만들어지는지 빈칸에 알맞게 쓰세요.

```
                바
        ┌───────┼───────┐
        ㄹ       ㅁ       ㅇ
        │        │        │
       (1)      (2)      (3)
```

**8** 다음과 같이 발표를 하는 친구에게 해 줄 말로 알맞은 것에 ○표 하세요.

(1) 발표를 할 때에는 듣는 사람을 바라보아야 해.                          (      )

(2) 발표를 할 때에는 알맞은 크기의 목소리로 말해야 해.                     (      )

**9** 다른 사람의 말을 집중해 듣는 자세로 알맞은 것은 무엇인가요? (      )

① 책상에 엎드려서 듣습니다.

② 허리를 굽혀 앉아서 듣습니다.

③ 다른 곳을 바라보며 듣습니다.

④ 친구들과 이야기를 하며 듣습니다.

⑤ 말하는 사람을 바라보며 듣습니다.

서술형

**10** 알맞은 받침을 넣어 낱말을 완성하고, 그 낱말이 들어간 짧은 문장을 쓰세요.

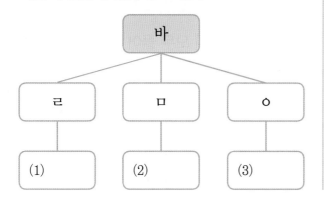

(1) 커

(2) 짧은 문장: _____

도움말 낱말에 어떤 받침이 들어가야 할지 생각하며 낱말을 완성하고, 그 낱말을 넣어 문장을 써 보아요.

점수 /

2 단원 B단계

**1** 다음 그림에 알맞은 낱말을 완성하려면 어떤 자음자가 필요한가요? (          )

고

① ㄱ          ② ㄴ          ③ ㄹ
④ ㅁ          ⑤ ㅈ

**3** 토순이가 쓴 글자를 본 엄마의 마음은 어떠했을까요? (          )

① 기뻤을 것입니다.
② 즐거웠을 것입니다.
③ 고마웠을 것입니다.
④ 미안했을 것입니다.
⑤ 당황스러웠을 것입니다.

| 2~3 | 다음 그림을 보고, 물음에 답하세요.

**2** 토순이 엄마가 한 말과 토순이가 쓴 글자가 어떻게 다른지 쓰세요.

• 토순이는 글자의 [   ][   ]을/를 정확하게 쓰지 않았습니다.

| 4~5 | 다음 시를 읽고, 물음에 답하세요.

다리를 놓자
다리를 놓자
다람쥐가 개울 건너가게
다리를 놓자
다리 돌다리 징검다리

얘들아 고마워
다람쥐가 다리 위에서 인사하네

**4** 이 시에 나오는 동물의 이름을 쓰세요.

(                              )

**5** 다음 글자에 모두 들어 있는 받침은 무엇인가요? (          )

| 를, 울, 돌, 들 |

① ㄷ          ② ㄹ          ③ ㅇ
④ ㅌ          ⑤ ㅎ

**6** 알맞은 받침을 넣어 다음 그림에 어울리는 낱말을 완성하세요.

(1)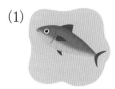

| 새 | 서 |  |

(2)

| 미 | 끄 | 러 | 트 |

(3)

| 조 | 이 | 저 | 기 |

**7** 다음 낱말을 읽을 때 소리가 어떻게 다른지 알맞게 말한 친구의 이름을 쓰세요.

| 굴 | 꿀 |

'굴'을 '꿀'보다 더 힘주어서 소리 내.

'꿀'을 '굴'보다 더 힘주어서 소리 내.

상우     주아

(                    )

**8** 자음자 'ㅃ'이 들어 있지 <u>않은</u> 낱말을 찾아 ✕ 표 하세요.

(1)

(2)

(3)

아빠     찌개     빨래

(       )     (       )     (       )

**|9~10|** 다음 글을 읽고, 물음에 답하세요.

> ㉠폴짝폴짝!
>
> 토끼야, 왜 그렇게 도망가니?
> 좀 더 놀다가 가렴.
>
> 어슬렁어슬렁.
>
> 아, 호랑이야, 너였구나.

**9** 이 글에 나오는 동물을 두 가지 고르세요.

(                    )

① 기린     ② 사자     ③ 토끼
④ 고양이     ⑤ 호랑이

**10** ㉠에 대한 설명으로 알맞은 것을 모두 고르세요. (                    )

① 자음자 'ㅉ'이 들어 있습니다.
② 받침으로 'ㄹ'과 'ㅇ'이 쓰였습니다.
③ 토끼의 움직임을 나타내는 말입니다.
④ 받침이 없어도 같은 뜻으로 쓰입니다.
⑤ '작은 것이 자꾸 세차고 가볍게 뛰어오르는 모양.'이라는 뜻입니다.

|1~2| 다음 시를 읽고, 물음에 답하세요.

> 다리를 놓자
> 다리를 놓자
> 다람쥐가 개울 건너가게
> 다리를 놓자
> 다리 돌다리 ㉠징검다리
>
> 얘들아 고마워
> 다람쥐가 다리 위에서 인사하네

**1** 이 시에서 '내'가 다람쥐를 위해 한 일로 알맞은 것은 무엇인가요? (　　　)

① 편지를 써 주었습니다.
② 먹을 것을 주었습니다.
③ 옷을 만들어 주었습니다.
④ 배를 만들어 주었습니다.
⑤ 다리를 놓아 주었습니다.

**2** ㉠에 들어 있는 받침을 두 가지 고르세요.
(　　　)

① ㄱ　　　　　　② ㄴ
③ ㄷ　　　　　　④ ㅂ
⑤ ㅇ

|3~4| 다음 그림을 보고, 물음에 답하세요.

**3** 그림 속 물건 중에서 받침 'ㄴ'이 들어가는 낱말을 두 가지 고르세요. (　　　)

① 가방　　　② 안경　　　③ 물통
④ 모자　　　⑤ 신발

**4** 알맞은 받침을 넣어 ㉠을 나타내는 낱말을 완성하세요.

| 하 | 느 |
|---|---|

**5** 다음 받침이 있는 낱말을 어떻게 고쳐 써야 하는지 쓰세요.

| 지 | 팜 | 이 |
|---|---|---|

• 받침 '　'을/를 '　'으로 고쳐 '　

　　'(이)라고 써야 합니다.

도움말 받침 글자를 어떻게 고쳐야 바른 낱말이 될지 떠올려 보세요.

**6** 알맞은 자음자를 넣어 그림에 어울리는 낱말을 완성하세요.

쌀

**| 7~9 | 다음 글을 읽고, 물음에 답하세요.**

> 아, 토끼야, 너였구나.
> 내가 언덕을 만들어 줄 테니 쉬었다 가렴.
>
> 폴짝폴짝!
>
> 토끼야, 왜 그렇게 도망가니?
> 좀 더 놀다가 가렴.
>
> 어슬렁어슬렁.
>
> 아, 호랑이야, 너였구나.
> 토끼를 쫓아가면 안 돼.
> 나랑 같이 놀자.

**7** 이 글에서 '나'는 무엇을 했나요? (      )

① 호랑이를 보고 도망갔습니다.

② 호랑이에게 집을 만들어 주었습니다.

③ 토끼에게 언덕을 만들어 주었습니다.

④ 토끼에게 다른 친구를 소개해 주었습니다.

⑤ 토끼에게 호랑이를 쫓아가지 말라고 했습니다.

**8** 이 글에서 자음자 'ㅉ'이 들어간 낱말을 찾아 쓰세요.

· '[          ]'와/과 '[          ]'
에 자음자 'ㅉ'이 들어갑니다.

도움말 각 글자의 위쪽에 있는 자음자는 무엇인지 살펴보세요.

**9** 이 글에 쓰인 낱말에 대하여 바르게 말한 친구의 이름을 쓰세요.

> 규호: '왜'는 받침이 있는 낱말이야.
> 성훈: '호랑이'는 받침이 있는 낱말이야.
> 나현: '언덕'에는 받침이 있는 글자가 없어.
> 희수: '쉬었다'에는 받침이 있는 글자가 없어.

(                    )

**10** 다음 낱말에 들어간 자음자를 찾아 선으로 이으세요.

(1)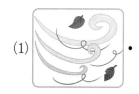
쌩쌩

· ㉮  ㄸ

(2)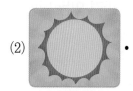
쨍쨍

· ㉯  ㅆ

(3)
뒤뚱뒤뚱

· ㉰  ㅉ

**1** 다음 그림에 알맞은 낱말에 ○표 하세요.

(1) 배 ( )

(2) 머리 ( )

(3) 어깨 ( )

**2** 다음 질문에 알맞은 낱말은 무엇인가요?
( )

> 얼굴 부분을 가리키는 말 가운데 받침 'ㄴ'이 들어가는 낱말은 무엇일까요?

① 귀 ② 눈 ③ 볼
④ 입 ⑤ 코

**3** 그림에 알맞은, 가족과 관련 있는 낱말을 찾아 선으로 이으세요.

(1)  · ㉮ 어머니

(2)  · ㉯ 할머니

**|4~5|** 다음 글을 읽고, 물음에 답하세요.

> 새는 감이 맛있나 봐.
>
> 아노는 오이를 좋아해.
>
> 내 동생 연우는 뭐든지 다 먹고 싶어 하는데…….
>
> 엄마는 배추김치가 맛있대.
>
> 아빠는 뜨거운 설렁탕이 맛있대.

**4** 이 글에 나오지 않는 인물을 두 가지 고르세요. ( )

① 형 ② 동생 ③ 아빠
④ 엄마 ⑤ 언니

**5** 다음 그림에 알맞은 낱말을 보기에서 찾아 쓰세요.

┌─보기─────────────────────┐
│ 뜨겁다 맛있다 좋아하다 │
└────────────────────────┘

• 오이를 [         ].

**6** 다음 그림에 알맞은 낱말을 보기 에서 찾아 빈칸에 쓰세요.

┌─보기─────────────────────┐
손톱   손등   손가락   발등   발꿈치
└──────────────────────────┘

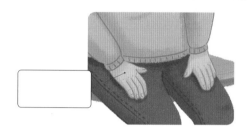

**7** 다음 생각그물의 빈칸에 들어갈 낱말로 가장 알맞은 것은 무엇인가요? (    )

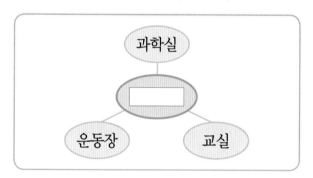

① 은행       ② 학교       ③ 빵집
④ 소방서     ⑤ 과일 가게

**8** 빈칸에 들어갈 다음 그림에 알맞은 낱말은 무엇인가요? (    )

[    ]에서 책을 사요.

① 서점       ② 병원       ③ 과학관
④ 도서관     ⑤ 생선 가게

|9~10| 다음 글을 읽고, 물음에 답하세요.

┌──────────────────────────┐
아침 산책 다녀오는 이웃집 아저씨를 만나요.

치과를 지나

꽃집을 지나

가구점을 지나

공원을 가로질러요.

한 발짝 한 발짝 재미있는 일이 일어나지만

길 건널 때는 조심!
└──────────────────────────┘

**9** '내'가 지나지 <u>않은</u> 곳은 어디인가요?
(    )

① 공원           ② 꽃집
③ 치과           ④ 가구점
⑤ 도서관

**10** 글의 내용을 생각하며 어울리는 말끼리 선으로 이으세요.

(1) [ 길을 ]  •              • ㉮ [ 건너다 ]

(2) [ 아저씨를 ]  •          • ㉯ [ 만나다 ]

**1** 꽃의 이름을 알맞게 말한 친구에 ○표 하세요.

(1) 해바라기 ( )  (2) 나팔꽃 ( )

**2** 그림에 알맞은 낱말을 보기 에서 찾아 쓰세요.

┌─보기───────────────┐
│ 발  팔  무릎  가슴  머리 │
└────────────────────┘

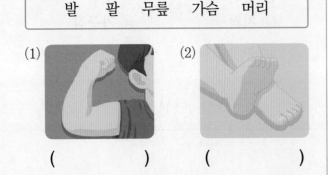

(1) ( )  (2) ( )

**3** 다음 낱말에 어울리는 말을 선으로 이으세요.

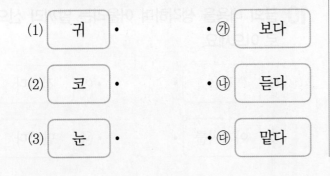

(1) 귀 •       • ㉮ 보다

(2) 코 •       • ㉯ 듣다

(3) 눈 •       • ㉰ 맡다

|4~5| 다음 글을 읽고, 물음에 답하세요.

┌──────────────────────────┐
│ 나는 기다란 스파게티가 맛있어.       │
│ 후루룩 삼키면 몸 안에 길이 생길 것 같아. │
│                          │
│ 국수 먹으면 내 머리도 길어졌으면 좋겠어. │
│                          │
│ 국수 먹으면 오래 살아?            │
│ 그럼 할머니랑 친구 되는 거야?        │
│                          │
│ 오빠가 좋아하는 피자도 맛있어.       │
│ 크리스마스트리 같아.             │
└──────────────────────────┘

**4** '나'는 국수를 먹고 어떻게 되었으면 좋겠다고 생각했나요? ( )

① 키가 커졌으면 좋겠다.
② 나이가 많아졌으면 좋겠다.
③ 머리가 길어졌으면 좋겠다.
④ 몸 안에 길이 생겼으면 좋겠다.
⑤ 오빠랑 친구가 되었으면 좋겠다.

서술형
**5** 오빠는 어떤 음식을 좋아하는지 쓰세요.

• 오빠는 [          ]을/를 좋아합니다.

도움말 글에서 '맛있다'라고 표현한 음식을 찾아보세요.

● 정답 19쪽

**6** 다음 그림에 어울리는 낱말은 무엇인가요?

( )

① 차다 　　② 던지다 　　③ 춤추다
④ 달리다 　　⑤ 당기다

**7** 다음 그림에 알맞은 낱말을 써넣으세요.

· ☐☐ 위에 책을 놓아요.

**|8~9|** 다음 글을 읽고, 물음에 답하세요.

> 가 학교에 가려고 집을 나서요.
>
> 나 치과를 지나
>
> ㉠꽃집을 지나
>
> 가구점을 지나
>
> 공원을 가로질러요.

**8** '나'는 어디에 가고 있는지 쓰세요.

( )

**서술형**

**9** ㉠'꽃집'을 발자국 그림으로 표현한다면 어떻게 나타낼 수 있을지 떠올려 쓰세요.

· 발자국 모양을 ☐☐☐☐☐(으)로 나타내고 싶습니다.

**도움말** 꽃집에서 볼 수 있는 것 가운데 발자국 모양과 어울리는 것은 어떤 것이 있을지 떠올려 보아요.

**4 단원 B단계**

**10** 그림에 알맞은 낱말을 선으로 이으세요.

(1)  ·　　· ㉮ 소방차

(2)  ·　　· ㉯ 국수

**1** 빈칸에 들어갈 알맞은 인사말은 무엇인가요?
( )

영수야, 어서 오렴.

① 안녕?
② 반가워.
③ 안녕하세요?
④ 잘 먹었습니다.
⑤ 안녕히 주무셨어요?

|2~3| 다음 글을 읽고, 물음에 답하세요.

> 내가 좋아하는 친구들아, 안녕!
> 다음에 나도 같이 놀자.
>
> 내가 좋아하는 아랫집 할머니, 안녕하세요?
> 강아지들도 안녕?

**2** 이 글에 나타난 인사말에 ○표 하세요.

(1) 안녕? ( )
(2) 반가워! ( )
(3) 고맙습니다. ( )

**3** 이 글을 읽고 떠오른 생각을 알맞게 말한 친구의 이름을 쓰세요.

> 은수: 아침에 하는 인사와 저녁에 하는 인사가 다르구나.
> 수영: 친구에게 하는 인사와 웃어른께 하는 인사가 다르구나.

( )

|4~5| 다음 그림을 보고, 물음에 답하세요.

**4** 그림 ❶과 같이 친구 집에 놀러 갔을 때에는 어떤 마음으로 인사하나요? ( )

① 화를 내며 인사합니다.
② 미안해하며 인사합니다.
③ 친구를 달래며 인사합니다.
④ 축하하는 마음으로 인사합니다.
⑤ 고마워하는 마음으로 인사합니다.

**5** 그림 ❷에서 여자아이는 어떤 말을 해야 하는지 알맞은 것에 모두 ○표 하세요.

(1) "미안해."라고 말해야 합니다. ( )
(2) "앗, 실수!"라고 말하고 갑니다. ( )
(3) "괜찮아?"라고 말하며 친구가 많이 아픈지 물어봅니다. ( )

| 6~7 | 다음 시를 읽고, 물음에 답하세요.

> 엄마 아빠 누나 동생
> 할아버지 할머니 고모 이모
> 전봇대 아파트 가로등 학교
> 토끼 강아지 고양이 쥐
> 모두 모두 잘 자요
> 모두 내 꿈 꿔요

**6** 이 시에 나오는 인사말을 두 가지 고르세요.

( )

① 잘 자요
② 고마워요
③ 미안해요
④ 반가워요
⑤ 내 꿈 꿔요

**7** 문제 **6**에서 답한 인사말은 언제 하는 것인가요? ( )

① 저녁에 자러 갈 때
② 학교에 다녀왔을 때
③ 아침에 일어났을 때
④ 길에서 웃어른을 만났을 때
⑤ 학교에서 친구들과 헤어질 때

| 8~10 | 다음 글을 읽고, 물음에 답하세요.

> **가** ㉠사슴은 항상 자신의 뿔을 자랑스럽게 생각하고 있었어요.
> "내 멋진 뿔을 봐. 어쩜 이렇게 아름답게 생겼을까? 하지만 다리는 참 약해 보이고 가늘단 말이야."
> 사슴은 자신의 가늘고 긴 다리가 늘 불만이었지요.
> **나** "어? 이건 무슨 소리지?"
> 사슴은 누군가가 걸어오는 소리라는 것을 알았어요.
> "앗, 사냥꾼의 걸음 소리가 들려. 도망가자!"

**8** 사슴이 자랑스러워한 것과 불만이었던 것은 무엇인지 선으로 이으세요.

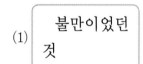

(1) 불만이었던 것 •      • ㉮ 뿔

(2) 자랑스러워한 것 •      • ㉯ 다리

**9** 사슴은 어떤 소리를 듣고 도망갔는지 쓰세요.

• 사냥꾼의 [    ] [    ] 소리

**10** ㉠을 알맞게 소리 내어 읽은 것에 ○표 하세요.

(1) [ 사스믄 ]      ( )
(2) [ 사슴은 ]      ( )

5
단원
A단계

**1** 빈칸에 들어갈 알맞은 인사말에 ○표 하세요.

오랜만입니다.

(1) 반갑습니다. ( )

(2) 안녕히 가세요. ( )

(3) 이만 전화를 끊겠습니다. ( )

**서술형**

**3** 지아는 어떤 마음으로 인사하면 좋을지 쓰세요.

• 물건을 주워 준 친구에게 _____ 마음으로 인사합니다.

> 도움말 친구가 내 물건을 주워 줬을 때 어떤 마음이 드는지 떠올려 보아요.

|4~5| 다음 그림을 보고, 물음에 답하세요.

**4** 그림 ❶에서 남자아이가 "고맙습니다."라고 인사한 까닭을 쓰세요.

• 안전하게 [ ][ ]에 갈 수 있도록 어른 께서 도와주시기 때문입니다.

|2~3| 다음 그림을 보고, 물음에 답하세요.

고마워.

세나   지아

**2** 그림에 나타난 상황은 무엇인가요? ( )

① 지아가 글을 쓰고 있습니다.

② 세나가 그림을 그리고 있습니다.

③ 지아가 선생님께 인사하고 있습니다.

④ 지아가 세나에게 과자를 주고 있습니다.

⑤ 세나가 지아의 물건을 주워 주고 있습니다.

**5** 그림 ❷의 인사말은 어떤 상황에서 하는 것인 지 ○표 하세요.

(1) 학교에 갈 때 ( )

(2) 간식을 먹을 때 ( )

(3) 친구의 생일을 축하할 때 ( )

**6** 저녁에 하는 인사말로 알맞은 것에 ◯표 하세요.

(1) 안녕히 주무세요.  (    )

(2) 안녕히 주무셨어요?  (    )

**7** 다음 상황에 알맞은 인사말은 무엇인가요?

(    )

① 고마워.    ② 괜찮아.

③ 미안해.    ④ 축하해.

⑤ 어서 와.

| 8~9 | **다음 글을 읽고, 물음에 답하세요.**

"앗, 사냥꾼의 걸음 소리가 들려. 도망가자!"
놀란 사슴은 두 다리로 힘껏 달렸어요.
"하마터면 사냥꾼에게 붙잡힐 뻔했네."
㉠집으로 돌아가려던 사슴은 깜짝 놀라 소리
쳤어요.
"으아! 뿔이 걸려서 움직일 수 없잖아!"
깊은 숲속 나뭇가지 사이에 뿔이 걸려 사슴은
한 발짝도 움직일 수 없었어요.

**8** 사슴이 움직일 수 없었던 까닭은 무엇인가요?

(    )

① 길이 없어져서

② 풀이 너무 많아서

③ 사냥꾼이 붙잡아서

④ 나무뿌리에 걸려 넘어져서

⑤ 나뭇가지 사이에 뿔이 걸려서

서술형

**9** ㉠은 읽을 때 어떻게 소리 나는지 쓰세요.

• 받침 '[    ]'이 뒷말 첫소리로 이어져서

[          ](으)로 소리 납니다.

도움말 낱말을 읽을 때 받침 뒤에 'ㅇ'이 오면 어떻게 소리 나는지 떠올려 보세요.

**10** 다음 낱말을 소리 나는 대로 쓰세요.

(1) 악어 ➡ [          ]

(2) 놀이터 ➡ [          ]

5
단원

B단계

**1** 다음 그림을 보고 떠오르는 문장에 ○표 하세요.

(1) 오늘 밤나무를 심자.                    (        )

(2) 오늘 밤 나무를 심자.                    (        )

| 2~3 | 다음 그림을 보고, 물음에 답하세요.

**2** 그림에 알맞은 문장에 ○표 하세요.

(1) 새가 날아갑니다.                        (        )

(2) 엄마가 물놀이를 합니다.                (        )

(3) 친구들이 사진을 찍습니다.              (        )

**3** 엄마의 모습을 보고 떠오르는 문장은 무엇인가요? (        )

① 엄마가 일어납니다.

② 엄마가 낚시를 합니다.

③ 엄마가 모자를 씁니다.

④ 엄마가 그릇을 씻습니다.

⑤ 엄마가 사진을 찍습니다.

**4** 그림에 어울리는 문장이 되도록 알맞은 낱말을 골라 ○표 하세요.

(1) 누나가 ( 실내화 / 바지 )를 신습니다.

(2) 친구가 손을 ( 흔듭니다 / 씻습니다 ).

**5** 다음 그림에 알맞은 문장에 ○표 하세요.

(1) 친구가 전화를 합니다.                  (        )

(2) 친구가 편지를 씁니다.                  (        )

**|6~8|** **다음 글을 읽고, 물음에 답하세요.**

> 할아버지 댁에는 마당이 있어요㉠.
> 마당에는 작은 꽃이 있고 가끔 고양이도 놀러
> 와요. 그런데 어찌 된 일인지 나무는 없어요.
>
> 🧑 할아버지,㉡왜 마당에 나무가 한 그루도
> 없어요?
> 👴 예전에는 나무가 있었단다.㉢네 키보다
> 더 컸었지!㉣
> 🧑 그 나무는 어디로 갔어요?㉤
> 👴 바람이 심하게 불던 날에 쓰러지고 말았
> 어.

**6** 할아버지 댁 마당에 없는 것은 무엇인지 ○표
하세요.

(1) 꽃                         (     )
(2) 나무                     (     )
(3) 고양이                 (     )

**7** 문장 부호 ㉠의 이름은 무엇인가요? (          )

① 쉼표                    ② 느낌표
③ 따옴표                ④ 마침표
⑤ 물음표

**8** ㉡~㉤ 중에서 조금 쉬어 읽는 곳은 어디인지
기호를 쓰세요.

(                                    )

**9** 빈칸에 들어갈 알맞은 문장 부호를 차례대로
쓴 것은 무엇인가요? (          )

> 여우야 ☐ 오늘은 우리 집으로 놀러 올래
> ☐

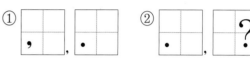

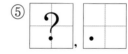

**10** 문장 부호에 대한 설명으로 알맞지 <u>않은</u> 것은
무엇인가요? (          )

① 물음표는 묻는 문장 끝에 씁니다.
② 마침표는 설명하는 문장 끝에 씁니다.
③ 느낌표는 느낌을 나타내는 문장 끝에 씁니
다.
④ 쉼표는 부르는 말이나 대답하는 말 뒤에
씁니다.
⑤ 문장 부호는 문장을 짧게 쓸 수 있도록 도
와줍니다.

**| 1~2 |** 다음 그림을 보고, 물음에 답하세요.

**1** 여우가 문장을 어떻게 읽었는지 ○표 하세요.

(1) 문장을 너무 빨리 읽었습니다. （　　）

(2) 문장을 정확하게 읽지 않았습니다.

（　　）

**2** 여우처럼 문장을 읽으면 어떻게 될지 쓰세요.

• 문장의 [　　] 을/를 이해할 수 없습니다.

**3** 다음 문장에 알맞은 그림에 ○표 하세요.

> 강아지가 뛰어갑니다.

(1) （　　）　　(2) （　　）

**4** 다음 그림에 알맞은 문장은 무엇인가요?

（　　）

① 나는 방을 청소합니다.

② 우리는 줄넘기를 합니다.

③ 우리는 친구가 되었습니다.

④ 친구들이 만세를 부릅니다.

⑤ 나는 초등학생이 되었습니다.

서술형

**5** **보기** 의 낱말을 사용하여 그림에 알맞은 문장을 쓰세요.

**보기**

| 공과 | 그네를 | 기린이 |
|------|--------|--------|
| 시소를 | 탑니다 | 토끼와 |
| 내립니다 | 다람쥐가 | 시소에서 |

_____

_____

**도움말** 그림에서 누가 무엇을 하고 있는지 살펴보세요.

| 6~8 | 다음 글을 읽고, 물음에 답하세요.

> 코끼리다!
> 손을 내밀자 톡 떨어진다.
> 눈을 깜빡깜빡, 귀를 팔랑팔랑, 긴 코를 살랑살랑 흔든다.
> 와아, 살아 있는 진짜 코끼리다!㉮
> "내 필통 구경할래㉠"
> 가방에서 필통을 꺼내 코끼리에게 보여 주었다.㉯
> 코끼리는 신기한 듯 기웃거리더니 영차, 필통 속으로 들어갔다.

**6** 코끼리는 눈, 귀, 코를 어떻게 움직였는지 선으로 이으세요.

(1) 눈 •          • ㉮ 깜빡깜빡

(2) 귀 •          • ㉯ 살랑살랑

(3) 코 •          • ㉰ 팔랑팔랑

**7** ㉠에 들어갈 문장 부호를 알맞게 쓴 것은 무엇인가요? (          )

① [격자: 가운데 아래 점]
② [격자: 가운데 아래 점]
③ [격자: ?]
④ [격자: ? 아래 점]
⑤ [격자: ! 아래 점]

**8** ㉮와 ㉯에는 어떤 띄어 읽기 표시를 해야 하는지 쓰세요.

(                    )

서술형

**9** 다음 문장을 띄어 읽는 방법을 쓰세요.

> 두루미야, 지난번에 내가 준비한 음식을 먹지 못했지?

• 쉼표 뒤에서 _____

읽습니다.

도움말 쉼표 뒤에는 ∨를 한다는 것을 생각해요.

**10** 다음 그림에 알맞은 문장에 ○표 하세요.

(1) 할머니와 공원에 갑니다.          (          )
(2) 할머니와 시장에 갑니다.          (          )

**1** 다음 문장에서 같은 자음자가 겹쳐서 된 받침이 들어간 글자를 모두 찾아 ○표 하세요.

> 나는 할아버지와 낚시하러 강에 갔다.

**2** 다음 빈칸에 들어갈 알맞은 받침을 찾아 선으로 이으세요.

(1) [ ]까다 • • ㉮ ㅆ

(2) 먹[ ]었다 • • ㉯ ㄲ

**3** 보기 에서 알맞은 글자를 골라 빈칸에 써넣으세요.

> 보기
>
> 갔 샀 묶 볶

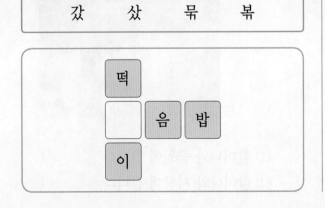

떡
[ ] 음 밥
이

**4** 다음 그림에 어울리는 문장에 ○표 하세요.

(1) 유나가 물을 마십니다.
( )

(2) 유나가 기지개를 켭니다.
( )

|5~6| 다음 그림을 보고, 물음에 답하세요.

**5** 그림 가 와 나 에 어울리는 문장을 찾아 각각 기호를 쓰세요.

> ㉠ 나는 이를 닦습니다.
> ㉡ 아버지께서 사과를 깎습니다.

(1) 그림 가 : ( )
(2) 그림 나 : ( )

**6** 보기 에서 알맞은 낱말을 골라 그림 나 에 어울리는 문장을 완성하세요.

> 보기
>
> 마십니다 닦습니다 두드립니다

• 어머니는 식탁을 ( ).

점수 /

**|7~8|** 다음 그림을 보고, 물음에 답하세요.

**7** 다음 문장의 빈칸에 모두 들어갈 알맞은 낱말은 무엇인가요? (     )

> • 아빠는 □□□ 을/를 땁니다.
> • 엄마는 □□□ 을/를 자릅니다.

① 풀                ② 나무
③ 사과              ④ 수박
⑤ 복숭아

**8** 이 그림의 내용을 문장으로 알맞게 나타낸 것을 두 가지 고르세요. (     )

① 누나는 산책을 합니다.
② 오빠는 포도를 씻습니다.
③ 아이들은 원두막에 있습니다.
④ 참새가 지붕 위에 앉아 있습니다.
⑤ 강아지는 수박밭을 뛰어다닙니다.

**9** 다음 그림을 문장으로 알맞게 나타낸 것은 무엇인가요? (     )

① 곰이 노래를 부릅니다.
② 토끼가 피아노를 칩니다.
③ 원숭이가 촛불을 붑니다.
④ 호랑이가 딸기를 먹습니다.
⑤ 원숭이가 북을 두드립니다.

**7** 단원
**A**단계

**10** 다음 그림에 알맞은 문장에 ○표 하세요.

⑴ 친구들이 공놀이를 합니다.    (     )
⑵ 친구들이 물통을 들고 있습니다.
                              (     )

**1** 하고 싶은 말을 정확하게 전달할 수 있는 것에 ○표 하세요.

(1)

( )

(2)

( )

**2** 다음 낱말의 받침에 대해 알맞게 말한 친구의 이름을 쓰세요.

묶다

> 고은: 자음자 하나로만 이루어진 받침이야.
> 준서: 이 낱말과 같은 받침이 들어간 낱말에는 '밖', '깎다'가 있어.

( )

**3** 알맞은 받침을 넣어 그림에 어울리는 문장을 완성하세요.

• 안경닦이로 안경을 | 다 | 아 | 다 |.

**4** 알맞은 낱말에 ○표 하여 그림에 어울리는 문장을 완성하세요.

원숭이가 ( 달리기, 자전거 )를 해요.

서술형

**5** ┌보기┐에서 알맞은 낱말을 모두 골라 그림에 어울리는 문장을 완성하세요.

┌보기┐
연을  훌라후프를  합니다  날립니다

• 호랑이가 _____.

도움말 호랑이가 무엇을 하는지 그림을 살펴 문장을 완성해 보세요.

**6** 빈칸에 들어갈 낱말로 알맞은 것은 무엇인가요? (　　　)

> ☐☐☐은/는 동물입니다.

① 배　　　　② 사과　　　　③ 사슴
④ 모자　　　⑤ 자전거

|7~8| 다음 글을 읽고, 물음에 답하세요.

> 우아, 그림책이 이렇게 많다니!
> 눈은 ㉠휘둥그레, 귀는 쫑긋, 한눈에 반하고야 말았어.
> 어느새 꼬리도 하늘 높이 번쩍 솟아올랐지.
> 나는 그만 그림책에 푹 빠져서 매일 밤 신기한 여행을 떠났어.
> 첫째 날에는 기차 여행을 했어.
> 끝없는 다리를 건너서 눈보라를 헤치고 우주 끝까지!
> 하루는 바닷속 여행을 했어. 용왕님이 나를 초대했거든.
> 물 따위 무섭지 않아. 왜냐하면 나는 용감한 고양이니까!
> 너도 같이 놀래? 기다리고 있을게!

**7** '내'가 같이 놀자고 말한 까닭은 무엇일까요?
(　　　)

① 친구가 필요해서
② 여행이 지루해서
③ 그림책을 읽기 싫어서
④ 혼자 노는 것이 심심해서
⑤ 그림책을 읽으며 같이 상상 여행을 하면서 놀면 재미있을 것 같아서

**8** ㉠의 뜻으로 알맞은 것에 ○표 하세요.

(1) 용기가 있으며 씩씩하고 기운찬. (　　　)
(2) 놀라거나 두려워서 눈이 크고 동그랗게 되는 모양. (　　　)
(3) 몸의 한 부분으로 갑자기 위로 높이 들어 올리는 모양. (　　　)

**9** 다음 빈칸에 들어갈 알맞은 낱말은 무엇인가요? (　　　)

> 아버지께서 ☐☐☐ 하십니다.

① 낚시를　　　　② 집으로
③ 그립니다　　　④ 탔습니다
⑤ 신발 끈을

서술형
**10** →보기 와 같이 그림에 어울리는 문장을 쓰세요.

→보기
> 사과는 바구니 안에 있습니다.

_____

도움말 무엇이 어디에 있는지 살펴보아요.

7
단원
B단계

글씨를 바르게 따라 쓰며 각 단원에서 배운 낱말을 다시 한번 익혀 보세요.

## 1. 글자를 만들어요

| 고 | 구 | 마 | 고 | 구 | 마 |
|---|---|---|---|---|---|
| 기 | 와 | 기 | 와 | 기 | 와 |
| 돼 | 지 | 돼 | 지 | 돼 | 지 |
| 무 | 지 | 개 | 무 | 지 | 개 |
| 바 | 위 | 바 | 위 | 바 | 위 |
| 병 | 원 | 병 | 원 | 병 | 원 |

| 새 | 우 | 새 | 우 | 새 | 우 |
|---|---|---|---|---|---|
| 스 | 웨 | 터 | 스 | 웨 | 터 |
| 의 | 사 | 의 | 사 | 의 | 사 |
| 최 | 고 | 최 | 고 | 최 | 고 |
| 태 | 권 | 도 | 태 | 권 | 도 |
| 휴 | 지 | 휴 | 지 | 휴 | 지 |

## 2. 받침이 있는 글자를 읽어요

| 곶 | 감 | 곶 | 감 | 곶 | 감 |
|---|---|---|---|---|---|
| 낙 | 타 | 낙 | 타 | 낙 | 타 |
| 돋 | 보 | 기 | 돋 | 보 | 기 |
| 무 | 릎 | 무 | 릎 | 무 | 릎 |
| 보 | 름 | 달 | 보 | 름 | 달 |
| 부 | 엌 | 부 | 엌 | 부 | 엌 |

| 불 | 고 | 기 | 불 | 고 | 기 |
|---|---|---|---|---|---|
| 상 | 장 | 상 | 장 | 상 | 장 |
| 장 | 미 | 장 | 미 | 장 | 미 |
| 파 | 랗 | 다 | 파 | 랗 | 다 |
| 팥 | 죽 | 팥 | 죽 | 팥 | 죽 |
| 화 | 분 | 화 | 분 | 화 | 분 |

## 3. 낱말과 친해져요

| | | | | | | |
|---|---|---|---|---|---|---|
| 개 | 울 | 개 | 울 | 개 | 울 | |
| 농 | 구 | 공 | 농 | 구 | 공 | |
| 돌 | 다 | 리 | 돌 | 다 | 리 | |
| 물 | 통 | 물 | 통 | 물 | 통 | |
| 빨 | 래 | 빨 | 래 | 빨 | 래 | |
| 선 | 풍 | 기 | 선 | 풍 | 기 | |

| | | | | | |
|---|---|---|---|---|---|
| 안 | 경 | 안 | 경 | 안 | 경 |
| 언 | 덕 | 언 | 덕 | 언 | 덕 |
| 장 | 화 | 장 | 화 | 장 | 화 |
| 찌 | 개 | 찌 | 개 | 찌 | 개 |
| 청 | 포 | 도 | 청 | 포 | 도 |
| 표 | 범 | 표 | 범 | 표 | 범 |

## 4. 여러 가지 낱말을 익혀요

| | | | | | |
|---|---|---|---|---|---|
| 가 | 족 | 가 | 족 | 가 | 족 |
| 과 | 일 | 과 | 일 | 과 | 일 |
| 김 | 치 | 김 | 치 | 김 | 치 |
| 나 | 팔 | 꽃 | 나 | 팔 | 꽃 |
| 동 | 생 | 동 | 생 | 동 | 생 |
| 맛 | 있 | 다 | 맛 | 있 | 다 |

| | | | | | |
|---|---|---|---|---|---|
| 선 | 생 | 님 | 선 | 생 | 님 |
| 없 | 다 | 없 | 다 | 없 | 다 |
| 운 | 동 | 장 | 운 | 동 | 장 |
| 종 | 아 | 리 | 종 | 아 | 리 |
| 차 | 례 | 차 | 례 | 차 | 례 |
| 학 | 교 | 학 | 교 | 학 | 교 |

## 5. 반갑게 인사해요

| 걸 | 음 | 걸 | 음 | 걸 | 음 |
|---|---|---|---|---|---|

| 공 | 놀 | 이 | 공 | 놀 | 이 |
|---|---|---|---|---|---|

| 놀 | 이 | 터 | 놀 | 이 | 터 |
|---|---|---|---|---|---|

| 목 | 요 | 일 | 목 | 요 | 일 |
|---|---|---|---|---|---|

| 생 | 신 | 생 | 신 | 생 | 신 |
|---|---|---|---|---|---|

| 안 | 녕 | 안 | 녕 | 안 | 녕 |
|---|---|---|---|---|---|

| 외 | 투 | 외 | 투 | 외 | 투 |
|---|---|---|---|---|---|

| 친 | 구 | 친 | 구 | 친 | 구 |
|---|---|---|---|---|---|

## 6. 또박또박 읽어요

| 가 | 방 | 가 | 방 | 가 | 방 |
|---|---|---|---|---|---|

| 모 | 래 | 성 | 모 | 래 | 성 |
|---|---|---|---|---|---|

| 수 | 영 | 수 | 영 | 수 | 영 |
|---|---|---|---|---|---|

| 얼 | 음 | 얼 | 음 | 얼 | 음 |
|---|---|---|---|---|---|

| 줄 | 넘 | 기 | 줄 | 넘 | 기 |
|---|---|---|---|---|---|

| 축 | 구 | 축 | 구 | 축 | 구 |
|---|---|---|---|---|---|

| 코 | 끼 | 리 | 코 | 끼 | 리 |
|---|---|---|---|---|---|

| 하 | 늘 | 하 | 늘 | 하 | 늘 |
|---|---|---|---|---|---|

## 7. 알맞은 낱말을 찾아요

| 기 | 지 | 개 | 기 | 지 | 개 |
|---|---|---|---|---|---|

| 냄 | 비 | 냄 | 비 | 냄 | 비 |
|---|---|---|---|---|---|

| 도 | 서 | 관 | 도 | 서 | 관 |
|---|---|---|---|---|---|

| 복 | 숭 | 아 | 복 | 숭 | 아 |
|---|---|---|---|---|---|

| 식 | 탁 | 식 | 탁 | 식 | 탁 |
|---|---|---|---|---|---|

| 여 | 행 | 여 | 행 | 여 | 행 |
|---|---|---|---|---|---|

| 재 | 채 | 기 | 재 | 채 | 기 |
|---|---|---|---|---|---|

| 한 | 복 | 한 | 복 | 한 | 복 |
|---|---|---|---|---|---|

# 백점

## 국어 1·1

### 해설북

- 한눈에 보이는 **정확한 답**
- 한번에 이해되는 **쉬운 풀이**

모바일
빠른 정답

동아출판

## 차례

개념북 ................................................................ 1쪽

평가북 ................................................................ 16쪽

## 백점 국어 빠른 정답

QR코드를 찍으면 **정답과 풀이**를
쉽고 빠르게 확인할 수 있습니다.

모바일
빠른 정답

# 한글 놀이

## 1회 교과서 학습 10~13쪽

개념 확인 (1) × (2) ○ (3) ○ (4) ×

1 (3) ○ 2 (2) ○ 3 (1) ㉣ (2) ㉠ (3) ㉡ 4 (1) 아, 구 (2) 우 (3) 리 5 (1) ㉰ (2) ㉮ (3) ㉯ (4) ㉱ 6 ① 7 (2) ○ 8 예 허수아비 9 ③ 10 ② 11 ② 12 예 피아노 13 (1) 자전거 (2) 거미 14 (1) 예 지우개 (2) 예 개미 (3) 예 미꾸라지

개념 확인 (1) '소리마디'는 한 덩어리로 내는 말소리의 단위입니다.
(2) '허수아비'는 소리마디 수가 네 개입니다.
(3) '꽃', '달'은 소리마디 수가 한 개입니다.
(4) '우유'의 마지막 소리는 '유'이므로 '유'로 시작하는 낱말이 이어져야 합니다. '우산'의 처음 소리는 '우'입니다.

1 보기 와 모양이 같은 그림은 (3)입니다.
2 (1)은 쓰레기통 모양이 다릅니다.
3 그림 ❶에는 쓰레기를 버리는 모습이, 그림 ❷에는 숟가락과 포크, 칼이, 그림 ❸에는 문과 사람이 나옵니다.
4 (1)의 '아'와 '구', (2)의 '우', (3)의 '리'가 글자입니다.
5 모양이 같은 글자끼리 선으로 이어 봅니다.
6 '사슴'은 소리마디 수가 두 개이고, '고양이'와 '호랑이'는 세 개, '고슴도치'는 네 개입니다.
7 '양'은 소리마디 수가 한 개인 낱말입니다.
8 네 개의 소리마디로 이루어진 낱말을 떠올려 봅니다.
9 '비'로 시작하는 낱말은 '비누'입니다.
10 '다리미' 그림은 상자에서 나오지 않았습니다.
11 '고구마', '무지개', '바나나', '사다리'는 모두 소리마디가 셋인 낱말입니다.
12 소리마디가 셋인 낱말을 떠올려 봅니다.
13 (1)에는 '자전거'를 (2)에는 '거미'를 씁니다.
14 (1)에는 '지'로 시작하는 낱말을 쓰고, (2)에는 (1)의 끝소리로 시작하는 낱말을, (3)에는 (2)의 끝소리로 시작하는 낱말을 씁니다.

## 2회 교과서 학습 14~17쪽

개념 확인 (1) × (2) ○ (3) × (4) ○

1 (1) ㉰ (2) ㉯ (3) ㉮ (4) ㉱ 2 ㅏ
3 ①②ㅕ③ 4 (4) ○ 5 ①, ④ 6 (1) 오 (2) 유 (3) 이 7 ① 8 (1) ○ 9 ⑤ 10 ㅜ 11 (1) 거북 (2) 표범 (3) 두더지 (4) 비버 12 (1) ㉯ (2) ㉮
13 (1) 아 기 (2) 오 이 (3) 우 유 (4) 요 리

개념 확인 (1) 모음자 'ㅠ'의 이름은 '유'입니다.
(2) 모음자 'ㅗ'를 쓸 때에는 짧은 세로선을 먼저 쓰고 긴 가로선을 나중에 씁니다.
(3) 연필심에서 약간 위로 올라간 부분을 잡습니다.
(4) 연필을 너무 눕히거나 세워서 잡지 않습니다.

1 'ㅏ', 'ㅑ', 'ㅓ', 'ㅕ'의 이름은 '아', '야', '어', '여'입니다.
2 '아기', '사자'에 모두 들어 있는 모음자는 'ㅏ'입니다.
3 짧은 가로선 두 개를 먼저 쓰고, 긴 세로선을 위에서 아래로 씁니다.
4 엄지손가락과 집게손가락의 모양을 둥글게 하여 연필을 잡은 모습은 (4)입니다.
5 '버스'에는 모음자 'ㅓ', 'ㅡ'가 들어 있습니다.
6 모음자 앞이나 위에 자음자 'ㅇ'을 합치면 모음자 이름이 됩니다.
7 'ㅗ'와 'ㅛ'를 쓸 때에는 짧은 세로선을 먼저 쓰고, 'ㅜ'와 'ㅠ'를 쓸 때에는 긴 가로선을 먼저 써야 합니다. 'ㅡ'를 쓸 때에는 왼쪽에서 오른쪽으로 씁니다.
8 '비누'에 모음자 'ㅣ'가 들어 있습니다.
9 친구가 만든 모음자는 'ㅑ'입니다.
10 색칠하여 만든 모음자는 'ㅜ'입니다.
11 (1) '거북'의 '거'에 'ㅓ'가 들어 있습니다. (2) '표범'의 '표'에 'ㅛ'가 들어 있습니다. (3) '두더지'의 '두'에 'ㅜ'가 들어 있습니다. (4) '비버'의 '비'에 'ㅣ'가 들어 있습니다.
12 (1)은 모음자 'ㅛ'와, (2)는 모음자 'ㅕ'와 같은 모양입니다.
13 그림에 알맞은 낱말을 떠올린 뒤 모음자를 써넣습니다.

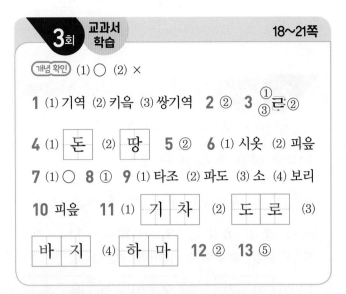

개념 확인 (1) ○ (2) ×

**1** (1) 기역 (2) 키읔 (3) 쌍기역　**2** ②　**3** ① ③ ㄹ ②

**4** (1) 돈 (2) 땅　**5** ②　**6** (1) 시옷 (2) 피읖

**7** (1) ○　**8** ①　**9** (1) 타조 (2) 파도 (3) 소 (4) 보리

**10** 피읖　**11** (1) 기 차 (2) 도 로 (3)

바 지 (4) 하 마　**12** ②　**13** ⑤

---

개념 확인 (1) 자음자 'ㅆ'의 이름은 '쌍시옷'입니다.

(2) 자음자 'ㄴ'은 위에서부터 아래로 한 번에 써야 합니다.

**1** 'ㄱ'의 이름은 '기역', 'ㅋ'의 이름은 '키읔', 'ㄲ'의 이름은 '쌍기역'입니다.

**2** '나무'와 '노루'에 모두 들어 있는 자음자는 'ㄴ'입니다.

**3** 자음자 'ㄹ'은 위에서부터 세 번에 나누어 씁니다. 'ㄹ'을 쓸 때 한 번에 쓰지 않도록 주의합니다.

**4** 자음자 'ㄷ'과 'ㄸ'의 소리를 생각하며 자음자를 써넣습니다.

**5** '짬뽕'에서 자음자 'ㅉ'을 찾을 수 있습니다.

**6** 자음자 'ㅅ'의 이름은 '시옷'이고, 자음자 'ㅍ'의 이름은 '피읖'입니다.

**7** '휴지'에 자음자 'ㅎ'과 'ㅈ'이 들어 있습니다. '초록'에는 자음자 'ㅎ'이 없습니다.

**8** 'ㅂ'은 세로선을 먼저 쓰고 가로선을 씁니다. 'ㅆ'은 왼쪽부터 쓰고, 'ㅊ'은 짧은 가로선을 먼저 씁니다. 'ㅇ'은 왼쪽 아래로 내려가서 둥글게 씁니다.

**9** 자음자를 쓰는 모양을 떠올리며 바르게 쓴 글자를 찾습니다.

**10** '피리', '풍선'을 색칠하면 나타나는 자음자는 'ㅍ'이고, 그 이름은 '피읖'입니다.

**11** (1)에 '기차', (2)에 '도로', (3)에 '바지', (4)에 '하마'를 씁니다.

**12** 그림에서 여자아이가 몸으로 만든 자음자 모양은 'ㅅ'입니다.

**13** '공', '가루', '가지', '그네'는 자음자 'ㄱ'으로 시작하는 낱말이고, '까치'는 자음자 'ㄲ'으로 시작하는 낱말입니다.

---

**1** ⑤　**2** (2) ○　**3** ②　**4** (1) 대 (2) 개 (3) 라 (4)

나　**5** ③　**6** ㄴ　**7** ④　**8** ④　**9** ㅗ　**10** ④

**11** ③　**12** ②　**13** 진우　**14** (2) ○　**15** 1단계

(1) 기 차 (2) 모 기 (3) 이 야 기

2단계 ㄱ, ㅣ

---

**1** 쓰레기통을 나타내는 그림입니다.

**2** (2)의 친구가 '고'라는 글자가 들어 있는 카드를 들고 있습니다.

**3** '별'은 소리마디 수가 한 개, '개나리'는 소리마디 수가 세 개, '미끄럼틀'은 소리마디 수가 네 개, '아이스크림'은 소리마디 수가 다섯 개인 낱말입니다.

**4** 첫 번째 글자의 모양이 같은 것끼리 선으로 이어 봅니다.

**5** 처음 소리가 '나'이고 마지막 소리가 '라'인 낱말이 빈칸에 들어가야 합니다.

**6** 연필을 잡을 때에는 너무 힘을 주지 않습니다.

**7** '겨울'만 모음자 'ㅕ'가 들어간 낱말입니다.

**8** 모음자는 왼쪽에서 오른쪽으로, 위쪽에서 아래쪽으로 씁니다.

**9** '모자'와 '포도'에 모두 들어 있는 모음자는 'ㅗ'입니다.

**10** 그림에 나타난 모음자 모양은 'ㅜ'이고, 모음자 'ㅜ'의 이름은 '우'입니다.

**11** '소'에 들어간 자음자는 'ㅅ'이고, 'ㅅ'이 들어 있는 낱말은 '사슴'입니다.

**12** 'ㄱ'의 이름은 '기역', 'ㅅ'의 이름은 '시옷', 'ㅋ'의 이름은 '키읔', 'ㅌ'의 이름은 '티읕'입니다.

**13** 자음자 'ㅁ'은 세 번에 나누어서 써야 하고, 자음자 'ㄷ'은 가로선을 먼저 써야 합니다.

**14** (1)은 자음자 'ㄹ'을 잘못 썼습니다.

**15** 1단계 그림 ❶은 '기차', 그림 ❷는 '모기', 그림 ❸은 '이야기'를 나타내고 있습니다.

2단계 '기차', '모기', '이야기'에는 자음자 'ㄱ'과 모음자 'ㅣ'가 모두 들어 있습니다.

> **채점 기준**
> 그림 ❶~❸의 낱말에 자음자 'ㄱ'과 모음자 'ㅣ'가 모두 들어 있다는 것을 알고 알맞게 썼으면 정답으로 합니다.

# 1. 글자를 만들어요

개념 확인 (1) × (2) ○

1 ② 2 (1) ㄹ (2) ㄸ (3) ㄴ (4) ㅊ 3 ④ 4 ㄱ,
ㅊ 5 ③ 6 (4) ○ 7 (1) ㅅ, ㅇ (2) ㅐ, ㅜ 8 (1)
코 (2) 자 9 (1) ㄷ (2) ㅗ (3) ㅌ (4) ㅗ (5) ㄹ (6)
ㅣ 10 ㅋ, ㅏ 11 두 부 12 (1) ○

---

개념 확인 (1) 글자는 자음자와 모음자가 만나서 만들어집니다.
(2) '파'에서 자음자 'ㅍ'은 왼쪽에, 모음자 'ㅏ'는 오른쪽에 있습니다.

1 나무에 'ㅏ', 가방에 'ㅛ', 의자에 'ㅠ', 교문에 'ㅣ'가 있습니다.

2 (1)에는 'ㄹ', (2)에는 'ㄸ', (3)에는 'ㄴ', (4)에는 'ㅊ'이 숨어 있습니다.

3 자음자 'ㄱ, ㄴ, ㄸ, ㄹ, ㅁ, ㅇ, ㅊ, ㅌ'과 모음자 'ㅏ, ㅓ, ㅕ, ㅗ, ㅠ, ㅣ'로 만들 수 있는 낱말은 '머리띠'입니다.

4 낱말 '기차'에 들어 있는 자음자는 'ㄱ'과 'ㅊ'입니다.

5 그림 속 시장에서 감자는 팔지 않습니다.

6 '무', '고추', '포도'는 모음자가 자음자의 아래쪽에 있습니다.

> **더 알아보기**
> '바나나'의 '바'와 '나'는 모두 자음자가 왼쪽에, 모음자가 오른쪽에 있습니다.

7 '새우'에서 자음자는 왼쪽과 위쪽에 있고, 모음자는 오른쪽과 아래쪽에 있습니다.

8 자음자와 모음자의 위치를 생각하며 '코'와 '자'를 씁니다.

9 '도'와 '토'는 자음자가 위쪽, 모음자가 아래쪽에 있고, '리'는 자음자가 왼쪽, 모음자가 오른쪽에 있습니다.

10 'ㅋ[크]'과 'ㅏ[아]'가 만나면 '카[카]' 소리가 납니다.

> **채점 기준**
> 표에서 ⊙의 가로줄에 있는 자음자 'ㅋ'과 세로줄에 있는 모음자 'ㅏ'가 만난다고 썼으면 정답으로 합니다.

11 그림에 알맞은 낱말은 두부입니다.

12 '모자'는 '모'와 '자'가 만나서 만들어진 글자입니다.

---

개념 확인 (1) ○ (2) ×

1 ② 2 ❶ 3 ② ○ 4 허리 5 ❸ 6 하
진, 지수 7 ② 8 ㉠ 9 (1) 토 끼 (2)
피 아 노 (3) 허 수 아 비 10 (1)
나사 (2) 고기 (3) 마스크 11 ② 12 (1) 혀
(2) 다 리

---

개념 확인 (1) 글을 읽을 때에는 책을 두 손으로 잡고, 책과 눈의 거리를 알맞게 합니다.
(2) 글씨를 쓸 때에는 고개를 약간 숙이고, 공책과 눈의 거리를 너무 가깝게 하지 않습니다.

1 그림 ❷의 친구는 손으로 턱을 받친 자세로 다리를 벌리고 앉아 글을 읽고 있습니다.

2 허리를 펴고 앉아서 다리를 모으고, 책과 눈의 거리를 알맞게 한 그림 ❶의 친구가 바른 자세로 글을 읽고 있습니다.

3 그림 ❹의 친구는 몸을 앞으로 기울여 책과 눈의 거리가 가깝습니다.

4 허리를 곧게 펴고 다리를 모은 자세로 앉아 엉덩이를 의자 뒤쪽에 붙여야 합니다.

> **채점 기준**
> 허리를 곧게 펴야 한다고 썼으면 정답으로 합니다.

5 그림 ❸의 친구는 고개를 비뚤게 하고 다리를 꼬고 앉았으며 허리를 곧게 펴지 않았습니다.

6 그림 ❷의 친구는 다리를 가지런하게 모으지 않고, 한 손으로 턱을 받치고 글씨를 쓰고 있습니다. 오른손으로 연필을 잡고 글씨를 쓴 것은 잘못한 점이 아닙니다.

7 바른 자세로 글씨를 쓰는 친구는 그림 ❶이고, 다리를 가지런히 모으고 앉아 있습니다.

8 한글 놀이 둘째 마당에서 배운 대로 연필심에서 약간 위로 올라간 부분을 잡습니다.

9 (1)은 토끼, (2)는 피아노, (3)은 허수아비 그림입니다.

10 (1)은 '나사', (2)는 '고기', (3)은 '마스크'라고 써야 합니다.

11 '이', '머리', '이마', '허리'는 자음자가 모음자의 왼쪽에 있습니다.

12 ⊙은 '혀', ⊙은 '다리'입니다.

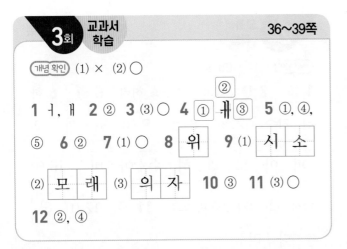

**3회 교과서 학습** 36~39쪽

(개념 확인) (1) × (2) ○

**1** ㅓ, ㅐ **2** ② **3** (3) ○ **4** ① ㅒ ③ ② **5** ①, ④, ⑤ **6** ② **7** (1) ○ **8** 위 **9** (1) 시 소 (2) 모 래 (3) 의 자 **10** ③ **11** (3) ○ **12** ②, ④

(개념 확인) (1) 모음자 'ㅘ'의 이름은 '와'입니다.

(2) 모음자 'ㅢ'를 쓸 때에는 가로선(ㅡ)을 먼저 씁니다.

**1** '거'의 모음자는 'ㅓ'이고 '개'의 모음자는 'ㅐ'로 서로 다릅니다.

**채점 기준**

모음자 'ㅓ'와 'ㅐ'가 서로 다르다고 썼으면 정답으로 합니다.

**2** 그림에 알맞은 낱말은 '모래'입니다.

**3** '얘기'의 '얘'에 모음자 'ㅒ'가 들어갑니다.

**왜 답이 아닐까?**

(1) '배'에 들어간 모음자는 'ㅐ'입니다.
(2) '그네'에 들어간 모음자는 'ㅡ'와 'ㅔ'입니다.
(4) '계단'에 들어간 모음자는 'ㅖ'와 'ㅏ'입니다.

**4** 모음자 'ㅒ'를 쓸 때에는 짧은 가로선을 먼저 쓰고 그 다음에 세로선을 왼쪽부터 차례대로 씁니다.

**5** '과자'에 모음자 'ㅘ'와 'ㅏ'가 들어가고, '의사'에 모음자 'ㅢ'와 'ㅏ'가 들어갑니다.

**6** 'ㅘ'의 이름은 '와', 'ㅝ'의 이름은 '워', 'ㅟ'의 이름은 '위', 'ㅢ'의 이름은 '의'입니다.

**7** 모음자 'ㅝ'의 'ㅓ'를 쓸 때에는 가로선을 먼저 쓰고, 세로선을 나중에 씁니다.

**8** '바위'와 '가위'에 모두 들어가는 글자는 '위'입니다.

**9** (1)은 '시소', (2)는 '모래', (3)은 '의자'입니다.

**10** '그네'에는 자음자 'ㄱ', 'ㄴ'과 모음자 'ㅡ', 'ㅔ'가 들어갑니다.

**11** (1)은 '카레', (2)는 '휴지', (3)은 '두꺼비'가 알맞은 낱말입니다.

**12** ① '귀'에는 'ㅟ', ② '기와'에는 'ㅣ'와 'ㅘ', ③ '대추'에는 'ㅐ'와 'ㅜ' ④ '모과'에는 'ㅗ'와 'ㅘ', ⑤ '예의'에는 'ㅖ'와 'ㅢ'가 들어갑니다.

**4회 대단원 평가** 40~42쪽

**1** ④ **2** (2) ○ **3** 가지 **4** (2) ○ (3) ○ **5** ③ **6** ② **7** ①, ③ **8** (3) ○ **9** (예) 받치지 말고 **10** (2) ○ **11** ⑤ **12** ④ **13** ③ **14** ①, ⑤ **15** (1단계) (1) ㅗ, ㄱ (2) ㅅ, ㅜ (3) ㄱ (2단계) ㅐ, (예) 고래

**1** 의자에 모음자 'ㅠ'가 들어 있습니다.

**2** 자음자 'ㄸ'이 들어간 낱말은 '딸기'입니다.

**3** 'ㄱ'과 'ㅣ'가 모두 들어 있는 낱말은 '가지'입니다.

**4** '가지'는 모음자가 모두 자음자의 오른쪽에, '고추'는 모음자가 모두 자음자의 아래쪽에 있습니다.

**5** '나비'에는 자음자 'ㄹ'이 들어가지 않습니다.

**6** ㉠에는 '기', ㉡에는 '더', ㉢에는 '모', ㉣에는 '사', ㉤에는 '유'가 들어가야 합니다.

**7** '모자'의 '자', '타조', '파도'의 '파'는 표에 없습니다.

**8** 그림에 알맞은 낱말은 '유리'입니다.

**9** 손으로 턱을 받치고 말고 글을 읽어야 합니다.

**채점 기준**

손으로 턱을 받치지 말고 읽어야 한다는 의미로 답을 썼으면 정답으로 합니다.

**10** (1)의 친구는 고개를 들고 다리를 모아야 합니다.

**11** 고개를 숙이는 자세는 바른 자세가 아닙니다.

**12** ①은 '이마', ②는 '머리', ③은 '코', ⑤는 '혀'입니다.

**13** 모음자 'ㅘ'는 'ㅗ'를 먼저 쓰고 'ㅏ'를 씁니다.

**14** '돼'와 '왜'에 모음자 'ㅙ'가 들어갑니다.

**15** (1단계) '조'와 '우'는 자음자와 모음자가 위와 아래로, '개', '새', '게'는 왼쪽과 오른쪽으로 나뉘어 있습니다.

**채점 기준**

| | |
|---|---|
| 상 | (1)에 'ㅗ, ㄱ', (2)에 'ㅅ, ㅜ', (3)에 'ㄱ'를 모두 썼습니다. |
| 중 | (1)에 'ㅗ, ㄱ', (2)에 'ㅅ, ㅜ', (3)에 'ㄱ'을 두 가지 이상 쓰지 못했습니다. |
| 하 | (1)에 'ㅗ, ㄱ', (2)에 'ㅅ, ㅜ', (3)에 'ㄱ'을 모두 못 썼습니다. |

(2단계) 'ㅐ'가 들어간 낱말은 '고래', '모래' 등입니다.

**채점 기준**

| | |
|---|---|
| 상 | 모음자 'ㅐ'와 'ㅐ'가 들어간 낱말을 모두 썼습니다. |
| 중 | 모음자 'ㅐ'와 'ㅐ'가 들어간 낱말 중 한 가지만 썼습니다. |
| 하 | 모음자 'ㅐ'와 'ㅐ'가 들어간 낱말을 쓰지 못했습니다. |

# 2. 받침이 있는 글자를 읽어요

(개념 확인) (1) × (2) ○

**1** ㅅ, ㅏ, ㅈ, ㅏ  **2** ㅇ, ㅇ  **3** 사자, 상장  **4** ㅁ
**5** ③, ㉠  **6** ⑤  **7** (1) ㉡ (2) ㉠  **8** 옷  **9** 예 물,
묵, 뭍, 뭇  **10** (2) ○ (4) ○  **11** ㄹ  **12** (1) 붓
(2) 팥  **13** ④  **14** 수박, 복숭아  **15** 아래쪽

---

(개념 확인) (1) 받침은 글자 아래쪽에 있는 자음자입니다.
(2) 글자에 받침을 더하면 새로운 글자가 됩니다.

**1** 글자 '사자'는 자음자 'ㅅ'과 모음자 'ㅏ', 자음자 'ㅈ'과 모음자 'ㅏ'로 이루어져 있습니다.

**2** '상장'은 글자에 모두 ㅇ 받침이 있습니다.

**3** '사자'는 받침이 없는 글자이고, '상장'은 받침이 있는 글자입니다.

> **채점 기준**
> '사자'와 '상장'을 모두 알맞게 써야 정답으로 합니다.

**4** '자'에 ㅁ 받침을 붙여야 합니다.

**5** 친구 ①은 엎드려 있고, 친구 ②는 턱을 괴고 있습니다. 친구 ④와 ⑥은 이야기하고 있고, 친구 ⑤는 다른 곳을 보고 있습니다.

**6** '벽'에서 ㄱ 받침, '디귿'에서 ㄷ 받침, '구름'에서 ㅁ 받침, '집'에서 ㅂ 받침이 쓰였습니다.

**7** ㉠은 '방', ㉡은 '벌'을 나타내고 있습니다.

**8** 빈칸에는 글자 '빗'의 받침인 ㅅ이 들어가야 합니다. 이 그림에서 ㅅ 받침이 있는 글자는 '옷'입니다.

**9** 여러 가지 자음자를 받침으로 넣어 새로운 글자를 만들어 씁니다.

**10** '김밥'에는 ㅁ, ㅂ 받침이, '놀이터'에는 ㄹ 받침이 있습니다.

**11** ㄹ 받침이 들어가면 '달', '말', '벌'이 됩니다.

**12** (1)은 '붓', (2)는 '팥'을 나타내고 있습니다. 각각 [붇], [팓]으로 소리 나기 때문에 받침을 잘못 쓰지 않도록 주의해야 합니다.

**13** '참외', '수박', '복숭아', '멜론', '살구', '오렌지'는 모두 과일입니다.

**14** '수박'과 '복숭아'는 ㄱ 받침이 있는 글자입니다.

**15** 받침은 글자 아래쪽에 들어가는 자음자입니다.

---

(개념 확인) (1) × (2) ○

**1** (2) ○  **2** (1) 눈 (2) 산  **3** (1) 키 읔
(2) 화 분  **4** 부 엌  **5** (1) ㉣ (2) ㉮  **6**
(1) ○  **7** 곶 감  **8** (1) ㅠ, ㅊ (2) ㅅ, ㅌ
**9** 소리  **10** (1) ○ (2) × (3) ○  **11** ③  **12** ㅇ
**13** (1) 꿈 (2) 공  **14** (1) 예 물, 달, 별 (2) 예
밤, 봄, 엄마

---

(개념 확인) (1) '반지', '화분'에는 모두 ㄴ 받침이 있습니다.
(2) '발'의 받침이 'ㅇ'으로 바뀌면 '방'이 되어 '발'과 소리와 뜻이 달라집니다.

**1** '낙타'와 '독수리'는 ㄱ 받침이 있는 낱말입니다. '독수리'는 세 개의 소리마디로 된 낱말이지만, '낙타'는 두 개의 소리마디로 된 낱말입니다.

**2** (1)과 (2)에는 모두 ㄴ 받침을 써야 합니다.

**3** ㉠은 ㅋ 받침이 들어간 '키읔', ㉡은 ㄴ 받침이 들어간 '화분'으로 써야 합니다.

**4** 동생은 '부엌'을 '부억'으로 잘못 썼습니다.

**5** '숟가락'과 '돋보기'에는 ㄷ 받침이, '파랗다'와 '놓다'에는 ㅎ 받침이 있습니다.

**6** '빗'에는 '젓가락'과 같은 ㅅ 받침이 있습니다.

**7** ㉠에는 ㅈ 받침을 넣어 '곶감'으로 써야 합니다.

**8** '윷'은 'ㅇ, ㅠ, ㅊ', '솥'은 'ㅅ, ㅗ, ㅌ'으로 이루어진 글자입니다.

**9** 글자를 소리 내어 읽으면 받침이 달라도 같은 소리가 난다는 것을 알 수 있습니다.

> **채점 기준**
> '소리'가 같다는 것을 알고 알맞게 썼으면 정답으로 합니다.

**10** '달'과 '물'은 '발'과 같이 ㄹ 받침이 있는 글자입니다.

**11** '숩'과 '숲'은 모두 [숩]으로 소리 납니다.

**12** '감'의 ㅁ 받침을 ㅇ 받침으로 바꾸면 '강'이 됩니다.

**13** (1)은 ㅁ 받침을 넣어 '꿈'으로 고쳐 써야 하고, (2)는 ㅇ 받침을 넣어 '공'으로 고쳐 써야 합니다.

**14** '물', '감'과 같이 주변에서 ㄹ 받침이나 ㅁ 받침이 들어가는 낱말을 찾아서 써 봅니다.

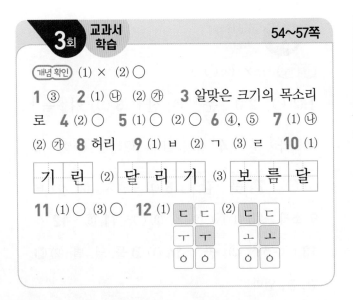

개념 확인 (1) × (2) ○
**1** ③ **2** (1) ㉯ (2) ㉮ **3** 알맞은 크기의 목소리로 **4** (2) ○ **5** (1) ○ (2) ○ **6** ④, ⑤ **7** (1) ㉯ (2) ㉮ **8** 허리 **9** (1) ㅂ (2) ㄱ (3) ㄹ **10** (1)

| 기 | 린 | | (2) | 달 | 리 | 기 | | (3) | 보 | 름 | 달 |

**11** (1) ○ (3) ○ **12** (1) ㄷ ㄷ / ㅜ ㅜ / ㅇ ㅇ (2) ㄷ ㄷ / ㅗ ㅗ / ㅇ ㅇ

개념 확인 (1) 발표할 때에 눈은 듣는 사람을 바라보아야 합니다.
(2) 발표할 때에는 너무 크거나 작지 않게, 알맞은 크기의 목소리로 말해야 합니다.

**1** 친구 ❷가 화난 표정을 짓고 있는 것은 아닙니다.

**2** 친구 ❶은 딴 곳을 바라보며 발표하고 있고, 친구 ❸은 삐딱하게 서서 발표하고 있습니다.

**3** 수지의 목소리가 작아 친구들이 듣지 못했다고 하였으므로 다음에 발표할 때에는 알맞은 크기의 목소리로 말하라고 하는 것이 알맞습니다.

**4** 공식적으로 여러 사람에게 널리 알리는 것을 '발표'라고 합니다.

**5** 손으로 턱을 괴고 편안한 자세로 듣는 것은 다른 사람의 말을 들을 때의 바른 자세가 아닙니다.

**6** 다른 사람의 말을 바른 자세로 집중해 들으면 중요한 내용을 빠뜨리지 않고 들을 수 있고, 다른 사람의 말을 잘 이해할 수 있습니다.

**7** (1)은 친구와 이야기를 하고 있고, (2)는 다른 곳을 바라보고 있습니다.

**8**
> 채점 기준
> '허리'를 등받이에 붙이고 앉아야 한다는 것을 알고 썼으면 정답으로 합니다.

**9** (1)은 '컵', (2)는 '육', (3)은 '길'을 나타내고 있습니다.

**10** (1)에는 ㄴ 받침을, (2)에는 ㄹ 받침을, (3)에는 ㅁ 받침을 써야 합니다.

**11** '엄마'에는 ㅁ 받침, '못물'에는 ㅅ 받침과 ㄹ 받침이 있습니다.

**12** 이 시에서 엄마 오리는 '둥둥', 아기 오리는 '동동'으로 떠 있는 모습을 흉내 내는 말이 쓰였습니다.

**1** 콩 **2** ⑤ **3** 문 **4** (1) 산 (2) 팔 **5** 무, ㄹ **6** ② **7** (1) 낙타 (2) 부엌 **8** (1) ㉯ (2) ㉮ **9** 꽃 **10** (1) 솥 (2) 놓 다 **11** 집, 구급차 **12** ② **13** 소연 **14** (1) 예 둥 둥 (2) 예 풍 덩 **15** ①단계 ② ②단계 예 듣는 사람을 바라보며 발표하고 있습니다.

**1** '코'에 ㅇ 받침을 더하면 '콩'이 됩니다.

**2** '잠'은 이 그림에서 찾을 수 없습니다.

**3** 한 글자이고, 닫혀 있는 것을 찾아봅니다.

**4** (1)에는 ㄴ 받침, (2)에는 ㄹ 받침을 써야 합니다.

**5** '무'에 ㄹ 받침을 더하면 '물'이 됩니다.

> 채점 기준
> '무'와 'ㄹ'을 순서대로 알맞게 썼으면 정답으로 합니다.

**6** '소'가 '손'이 되려면 ㄴ 받침이 들어가야 합니다.

**7** ㄱ 받침과 ㅋ 받침 모두 [ㄱ]으로 소리 나지만 (1)은 '낙타', (2)는 '부엌'으로 쓰는 것이 알맞습니다.

**8** '젓가락'은 ㅅ 받침, '돋보기'는 ㄷ 받침이 있는 글자입니다.

**9** 그림이 나타내는 것은 '꽃'입니다.

**10** (1)은 ㅌ 받침이 있는 '솥', (2)는 ㅎ 받침이 있는 '놓다'로 써야 합니다.

**11** '집'과 '구급차'에 ㅂ 받침이 있습니다.

**12** 친구와 이야기를 하며 듣는 것은 들을 때의 바른 자세가 아닙니다.

**13** 엄마 오리를 따라 아기 오리도 못물 위에 떠 있습니다.

**14** '둥둥', '동동', '풍덩', '퐁당' 중 두 가지만 씁니다.

**15** ①단계 친구 ❶은 딴 곳을 바라보며 발표하고 있고, 친구 ❸은 삐딱하게 서서 발표하고 있습니다.
②단계 1단계에서 답한 친구가 다른 친구들보다 어떻게 자세가 바른지를 씁니다.

> 채점 기준
> 발표하는 바른 자세 중 한 가지를 알맞게 썼으면 정답으로 합니다.

# 3. 낱말과 친해져요

**1회** 교과서 학습     64~67쪽

(개념 확인) (1) ○ (2) ×

**1** (2) ○   **2** ⑤   **3** (1) 수 박 (2)

청 포 도   **4** ㉠   **5** ②   **6** ①   **7** ③   **8** 개

울   **9** ①   **10** 들, ㄹ   **11** 구 름   **12** (1) ㉮ (2)

㉰ (3) ㉯   **13** (1) 바람 (2) 물통   **14** 화 분

**15** (1) × (2) ○

**2회** 교과서 학습     68~71쪽

(개념 확인) (1) × (2) ○

**1** ①, ③   **2** 지원   **3** 신 호 등   **4** (1)

비 행 기 (2) 실 내 화   **5** (1) 창문

(2) 국수 (3) 장난감   **6** ③   **7** ①   **8** ㄲ, ㄱ

**9** 빨 래   **10** (1) ㉠ (2) ㉢ (3) ㉡   **11** (1)

㉯ (2) ㉮   **12** 쌍기역   **13** (1) 찐 빵 (2)

빨 대 (3) 뚜 껑 (4) 꼬 리   **14** ③

개념북

**3**
단원

---

(개념 확인) (1) 받침이 있는 낱말을 쓸 때에는 글자의 짜임을 생각하며 써야 합니다.

(2) 받침이 있는 글자나 낱말을 바르게 썼는지 확인해야 합니다.

**1** 그림 ❶에서 토순이는 엄마께서 무슨 과일을 좋아하시는지 궁금해했습니다.

**2** 토순이 엄마는 토순이가 받침이 있는 글자를 정확하게 쓰지 않았기 때문에 당황하셨습니다.

**3** '수박', '청포도'로 바르게 고쳐 씁니다.

**4** 받침이 있는 글자를 정확하게 쓰면 무엇을 표현하는지 확실히 알 수 있습니다.

**5** 자음자 중에 'ㅌ'이 없으므로 '밭'은 만들 수 없습니다.

**6** '축구공', '농구공'이 알맞은 낱말이므로 빈칸에 들어갈 글자는 '공'입니다.

**7** 이 시에서 다람쥐가 다리 위에서 인사한다고 했습니다.

**8** 다람쥐가 개울을 건너가게 다리를 놓자고 했습니다.

**9** 이 시에서 다람쥐는 "애들아 고마워."라고 인사했습니다.

**10** '들'에 받침 'ㄹ'이 들어 있습니다.

> **채점 기준**
> ㉠에서 받침이 있는 글자와 그 글자에 쓰인 받침을 각각 찾아 바르게 썼으면 정답으로 합니다.

**11** 그림에 알맞은 낱말은 '구름'입니다.

**12** ㉠'친구', ㉡'연필', ㉢'안경'이 알맞은 낱말입니다.

**13** (1)은 '바람', (2)는 '물통'이 바른 낱말입니다.

**14** '화분'이 바른 낱말입니다.

**15** (1)은 '표범'이 바른 낱말입니다.

---

(개념 확인) (1) '딸기'에는 자음자 'ㄸ'이 들어갔습니다.

(2) '코끼리'에는 자음자 'ㄲ'이 들어갔습니다.

**1** '학교'의 '학'과 '박물관'의 '박'에 받침 'ㄱ'이 들어갑니다.

**2** ㉠'학교'에서 받침이 들어간 글자는 '학', ㉡'도서관'에서 받침이 들어간 글자는 '관', ㉢'과학관'에서 받침이 들어간 글자는 '학'과 '관'입니다.

**3** '신호등'이 알맞은 낱말입니다.

**4** (1)은 '비행기', (2)는 '실내화'라고 고쳐 써야 합니다.

**5** (1)은 '창문', (2)는 '국수', (3)은 '장난감'이 알맞습니다.

**6** 그림에서 찾을 수 있는 자음자는 'ㄲ', 'ㄸ', 'ㅃ', 'ㅆ', 'ㅉ'입니다.

**7** 자음자 'ㅉ'이 들어간 '짝'을 떠올릴 수 있습니다.

**8** 자음자 'ㄲ'은 'ㄱ'보다 힘을 주어서 소리 냅니다.

> **채점 기준**
> 자음자 'ㄲ'이 'ㄱ'보다 힘주어 소리 낸다고 썼으면 정답으로 합니다.

**9** 그림에 알맞은 낱말은 '빨래'입니다.

**10** 자음자 'ㄲ'이 들어간 낱말은 '꽃밭', 자음자 'ㄸ'이 들어간 낱말은 '딱지', 자음자 'ㅃ'이 들어간 낱말은 '빨대'입니다.

**11** (1)은 '찌개', (2)는 '까마귀' 그림입니다.

**12** '뻐꾸기', '수도꼭지', '어깨'에 모두 들어 있는 자음자의 이름은 '쌍기역'입니다.

**13** (1)은 '찐빵', (2)는 '빨대', (3)은 '뚜껑', (4)는 '꼬리'입니다.

**14** '쑥', '씨름'의 '씨', '쓰레기통'의 '쓰', '이쑤시개'의 '쑤'에 자음자 'ㅆ'이 쓰였습니다.

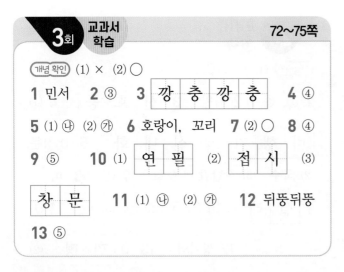

개념 확인 (1) × (2) ○

**1** 민서  **2** ③  **3** 깡충깡충  **4** ④

**5** (1) ㉯ (2) ㉮  **6** 호랑이, 꼬리  **7** (2) ○  **8** ④

**9** ⑤  **10** (1) 연필 (2) 접시 (3) 창문  **11** (1) ㉯ (2) ㉮  **12** 뒤뚱뒤뚱

**13** ⑤

**1** ①  **2** 지원  **3** (2) ○  **4** ③, ⑤  **5** 울, 돌, ㄹ

**6** ②  **7** (1) 바람 (2) 친구  **8** ②

**9** ②  **10** 깡충깡충  **11** ④, ⑤  **12** ⑤

**13** 어슬렁어슬렁  **14** (2) ○

**15** 1단계 (1) 굴 (2) 꿀 (3) 방 (4) 빵

2단계 ㅃ, ㅂ

---

개념 확인 (1) 낱말을 쓸 때에는 낱말의 소리, 모양, 뜻을 생각하며 써야 합니다.
(2) 낱말을 자신 있게 읽기 위해서는 여러 가지 자음자가 있는 낱말을 소리 내어 읽고 써 봅니다.

**1** 이 이야기는 하늘에 떠 있는 구름의 모양을 보고 상상하여 쓴 글입니다.

**2** '나'는 토끼에게 언덕을 만들어 주었습니다.

**3** 토끼가 뛰는 모습을 나타내는 낱말인 '깡충깡충'의 뜻입니다.

**4** '그렇게'는 받침 'ㅎ'이 들어간 낱말입니다.

**5** (1)은 호랑이 모양의 구름, (2)는 토끼 모양의 구름입니다.

**6** '나'는 호랑이가 토끼를 쫓아가지 못하게 호랑이의 꼬리를 잡았습니다.

> **채점 기준**
> '호랑이'의 '꼬리'를 잡았다고 썼으면 정답으로 합니다.

**7** 호랑이의 움직임을 나타내는 말은 '어슬렁어슬렁'입니다.

**8** ㉠'쫓아가면'은 자음자 'ㅉ'이 쓰인 낱말입니다.

**9** '수박'과 '독수리'는 자음자 'ㄱ', '곰'과 '여름'은 자음자 'ㅁ', '빨래'와 '하늘'은 자음자 'ㄹ'이 받침으로 들어간 낱말입니다.

**10** (1)에는 받침 'ㄴ', 'ㄹ', (2)에는 받침 'ㅂ', (3)에는 받침 'ㅇ', 'ㄴ'을 써야 합니다.

**11** 자음자 'ㅆ'은 '쌩쌩'에, 자음자 'ㅉ'은 '쩽쩽'에 들어 있습니다.

**12** 오리가 움직이는 모습을 나타내는 낱말은 '뒤뚱뒤뚱'입니다.

**13** '색종이'이므로 '종'이 들어가야 알맞습니다.

---

**1** ㉠에는 '줄', ㉡에는 '물'이 들어가야 합니다.

**2** 받침이 있는 글자를 정확히 써야 무엇을 표현하는지 확실히 알 수 있습니다.

**3** 다리를 놓아 주어 다람쥐가 고맙다고 인사했습니다.

**4** '애들아'는 'ㄹ', '다람쥐'는 'ㅁ'이 받침으로 쓰였습니다.

**5** 모두 받침 'ㄹ'이 쓰인 낱말입니다.

> **채점 기준**
> ㉠과 ㉡에서 받침이 들어간 글자와, 받침으로 쓰인 자음자를 찾아 모두 알맞게 썼으면 정답으로 합니다.

**6** 그림에서 지예는 가방을 가지고 있습니다.

**7** 알맞은 받침을 넣어 '바람'과 '친구'를 바르게 씁니다.

**8** 그림에 알맞은 낱말은 '거울'입니다.

**9** '딸기', '땅콩'에 모두 자음자 'ㄸ'이 들어갑니다.

**10** 토끼가 움직이는 모습을 나타내는 말은 '깡충깡충'입니다.

**11** 모두 자음자 'ㄲ'이 쓰인 낱말입니다.

**12** 토끼는 호랑이가 쫓아오자 도망갔습니다.

**13** 받침 'ㅇ'을 넣어 낱말을 완성합니다.

**14** (1)은 '도망가면'의 뜻입니다.

**15** 1단계 그림 ❶은 '굴', 그림 ❷는 '꿀', 그림 ❸은 '방', 그림 ❹는 '빵'을 나타냅니다.

> **채점 기준**
>
> | 상 | 낱말에 들어가는 자음자를 모두 바르게 썼습니다. |
> | 하 | 자음자를 2개 이상 바르게 쓰지 못했습니다. |

2단계 자음자 'ㅃ'은 자음자 'ㅂ'보다 힘주어 소리 냅니다.

> **채점 기준**
> 'ㅃ'을 'ㅂ'보다 힘주어 소리 낸다고 썼으면 정답으로 합니다.

# 4. 여러 가지 낱말을 익혀요

**개념 확인** (1) ○ (2) ○

**1** ① **2** ② **3** 해바라기 **4** 민우

**5** ① **6** (1) 귀 (2) 다리 **7** (1) ④ (2) ㉮

**8** ④ **9** ⑤ **10** ①, ②, ⑤ **11** 동생 **12** 할아
버지

**개념 확인** (1) '맡다'는 우리 몸에서 '코'와 관련 있는 낱말입니다.
(2) '만지다'는 우리 몸에서 '손'과 관련 있는 낱말입니다.

**1** 아이들은 공원에서 이야기를 나누고 있습니다.

**2** 그림에서 남자아이는 공원에서 본 꽃의 이름을 궁금해했습니다.

> **왜 답이 아닐까?**
>
> ① 아이들은 나무가 아닌 꽃을 보았습니다.
> ③ 남자아이는 꽃의 이름을 알지 못했습니다.
> ④ 여자아이는 꽃의 이름을 알맞게 말했습니다.
> ⑤ 여자아이는 동물의 이름을 궁금해하지 않았습니다.

**3** 그림에 알맞은 낱말은 '해바라기'입니다.

**4** 낱말을 많이 알면 책을 읽을 때 어떤 내용의 이야기인지 더 잘 알 수 있고, 자신의 생각을 더 잘 표현할 수 있습니다.

**5** 그림에는 몸과 관련 있는 낱말들이 나타나 있습니다.

**6** ㉠에 알맞은 낱말은 '귀', ㉡에 알맞은 낱말은 '다리'입니다.

**7** (1)은 '눈', (2)는 '팔'입니다.

**8** '말하다'는 '발'이 아닌 '입'과 어울리는 낱말입니다.

**9** 그림에서 할머니는 할아버지와 이야기를 나누고 계십니다.

**10** 그림에서 2층에 있는 가족은 '어머니', '형', '누나'입니다.

**11** '나보다 나이가 어린 아이를 부르는 말'은 '동생'입니다.

**12** '할아버지'가 들어가야 알맞습니다.

> **채점 기준**
> 빈칸에 '할아버지'를 바르게 썼으면 정답으로 합니다.

**개념 확인** (1) × (2) ○

**1** 아노(고양이) **2** ⑤ **3** 아빠 **4** ㉯

**5** ④ **6** (1) ○ **7** 수민 **8** 예 만두 **9** 손

**10** (1) ㉯ (2) ㉮ **11** (2) ○ **12** ㉣ **13** 손

**개념 확인** (1) 그림책을 읽을 때에는 글과 그림을 함께 살펴보며 읽습니다.
(2) 그림책에서 읽었던 내용 가운데 중요한 내용을 떠올려야 합니다.

**1** '아노(고양이)'가 오이를 좋아한다고 했습니다.

**2** 엄마는 배추김치, 아빠는 설렁탕이 맛있다고 하셨습니다.

**3** 그림에 알맞은 낱말은 '아빠'입니다.

**4** '배추김치'와 어울리는 낱말은 '맛있다'입니다.

**5** '나'는 스파게티를 삼키면 몸 안에 길이 생길 것 같다고 했습니다.

**6** 오빠가 좋아하는 음식은 (1) '피자'입니다.

**7** 규호는 좋아하는 음식과 관련된 경험을 떠올리지 않았습니다.

**8** 빈칸에 자신이 좋아하는 음식의 이름을 떠올려 씁니다.

**9** 빈칸에 모두 들어가는 글자는 '손'입니다.

**10** (1)은 '발바닥', (2)는 '발등'이 알맞습니다.

> **더 알아보기**
> '손'이나 '발'은 여러 가지 낱말과 함께 쓰입니다. '손'이 들어가는 낱말은 '손등, 손바닥, 손톱, 손가락', '발'이 들어가는 낱말은 '발등, 발바닥, 발톱, 발가락' 등이 있습니다.

**11** 아이들이 줄다리기하며 줄을 당기고 있으므로 '당기다'가 알맞습니다.

**12** 그림에서 넘어진 아이의 모습은 나타나 있지 않습니다.

> **왜 답이 아닐까?**
>
> ㉠, ㉡: 그림의 윗부분에 아이들이 공을 차며 달리는 모습이 나타나 있습니다.
> ㉢: 그림의 왼쪽 아랫부분에 아이들이 춤추고 있습니다.

**13** 아이들은 손으로 콩 주머니를 던지고 있습니다.

> **채점 기준**
> 손으로 콩 주머니를 던진다고 썼으면 정답으로 합니다.

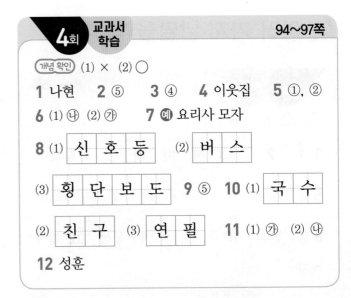

개념 확인 (1) ○ (2) ○

1 ⑤  2 ①, ⑤  3 ①  4 예 시소  5 (1) ⑭ (2) ㉮  6 ④  7 ⑤  8 예 서점  9 예 공책  10 선생님  11 ⑤  12 (1) 도서관 (2) 책상  13 (1) ㉮ (2) ㉰

개념 확인 (1) × (2) ○

1 나현  2 ⑤  3 ④  4 이웃집  5 ①, ②
6 (1) ⑭ (2) ㉮  7 예 요리사 모자
8 (1) 신 호 등 (2) 버 스
(3) 횡 단 보 도  9 ⑤  10 (1) 국 수
(2) 친 구 (3) 연 필  11 (1) ㉮ (2) ⑭
12 성훈

---

개념 확인 (1) '과일 가게', '빵집'은 이웃과 관련 있는 낱말입니다.
(2) '칠판', '책상'은 학교와 관련 있는 낱말입니다.

1 그림에서 선생님과 아이들은 교실에 있습니다.

**왜 답이 아닐까?**
① 책상 위에는 책 또는 연필이 있습니다.
② 선생님과 아이들은 교실에 있습니다.
③ 선생님은 칠판 앞에 서 계십니다.
④ 여자아이는 일어나서 말하고 있습니다.

2 그림에 '수건'과 '텔레비전'은 나오지 않았습니다.

3 ㉠에 들어갈 알맞은 낱말은 '책'입니다.

4 '시소', '그네', '철봉' 등 학교 운동장에서 볼 수 있는 것을 떠올려 씁니다.

5 (1)은 '빵집', (2)는 '은행'이 알맞습니다.

6 '조개'는 과일이 아닙니다.

7 '소방서'와 관련 있는 탈것은 '소방차'입니다.

8 자신의 주변에 있는 장소나 사람, 물건 등을 떠올려 '이웃'과 관련 있는 낱말을 써 봅니다.

**채점 기준**
이웃과 관련 있는 장소나 사람, 물건 등을 떠올려 썼으면 정답으로 합니다.

9 '공책', '필통', '연필' 등 교실에서 볼 수 있는 물건 가운데 이름이 두 글자인 것을 떠올려 씁니다.

**더 알아보기**
교실과 관련 있는 물건 가운데 이름이 세 글자인 낱말에는 '교과서, 책가방, 지우개, 색종이, 색연필' 등이 있습니다.

10 빈칸에는 '선생님'이 들어가야 합니다.

11 과일 가게 그림이므로 ⑤가 어울리는 문장입니다.

12 그림에 알맞은 낱말은 (1) '도서관', (2) '책상'입니다.

13 (1) '빵'과 관련 있는 장소는 '빵집', (2) '책'과 관련 있는 장소는 '도서관'이 알맞습니다.

---

개념 확인 (1) 글의 제목을 읽고 그림책이 어떤 내용일지 상상할 수 있습니다.
(2) 그림책에서 여러 번 나오는 그림을 통해 어떤 이야기일지 상상할 수 있습니다.

1 그림책에 나오는 그림을 보고 이야기의 내용을 상상할 수 있습니다.

2 이 글에서 '나'는 학교에 가려고 집을 나섰습니다.

**왜 답이 아닐까?**
① '나'는 아침을 먹었습니다.
③ '나'는 꽃을 사지 않았습니다.
④ '나'는 길에서 이웃집 아저씨를 만났습니다.
⑤ '나'는 집에서 나와 학교에 가는 길입니다.

3 발자국 그림이 강아지로 표현되어 있습니다.

4 '나'는 이웃집 아저씨를 만났습니다.

**채점 기준**
이웃집 아저씨를 만났다는 내용을 바르게 썼으면 정답으로 합니다.

5 '나'는 학교 가는 길에 꽃집과 공원을 지났습니다.

6 (1)은 발자국 그림으로 이 모양을 나타냈으므로 '치과', (2)는 발자국 그림으로 소파 모양을 나타냈으므로 '가구점'과 어울립니다.

7 '요리사 모자', '빵', '자동차' 등 발자국 그림과 어울리는 것을 자유롭게 떠올려 봅니다.

8 ㉠은 '신호등', ㉡은 '버스', ㉢은 '횡단보도' 그림입니다.

9 글자판에서 '할아버지'는 찾을 수 없습니다.

10 (1)은 '국수', (2)는 '친구', (3)은 '연필'입니다.

11 '없다'의 뜻은 ㉮이고, '있다'의 뜻은 ⑭입니다.

12 '읽다'는 [익따]로 소리 납니다.

## 5 대단원 평가

**1** 나팔꽃 **2** (1) ○ **3** ④ **4** ⑤ **5** ④ **6** 동생
**7** ④ **8** 피자 **9** 뜨겁다 **10** ② **11** 선생님
**12** ⑤ **13** (1) 신호등 (2) 버스 **14** ② **15** 1단계
(1) 치과 (2) 가구점 2단계 예 병원

**1** '나팔꽃'이 알맞습니다.

**2** 낱말을 많이 알면 내 생각을 더 잘 표현할 수 있고,
책을 읽을 때 이야기의 내용을 더 잘 알 수 있습니다.

**3** ㉠은 '머리', ㉡은 '입'이 알맞습니다.

**4** '손'과 관련 있는 낱말은 '만지다'입니다.

> **왜** 답이 아닐까?
>
> ① '맡다'는 '코'와 관련 있는 낱말입니다.
> ③ '보다'는 '눈'과 관련 있는 낱말입니다.
> ④ '먹다'는 '입'과 관련 있는 낱말입니다.
> ⑤ '듣다'는 '귀'과 관련 있는 낱말입니다.

**5** 얼굴과 관련 있는 낱말 가운데 자음자 'ㅋ'이 들어간
낱말은 '코'입니다.

**6** 그림에 알맞은 낱말은 '동생'입니다.

**7** '엄마'께서 배추김치가 맛있다고 하셨습니다.

**8** '나'는 피자가 크리스마스트리 같다고 했습니다.

**9** '설렁탕'과 어울리는 말은 '뜨겁다'가 알맞습니다.

**10** 이 그림에서 시소는 나오지 않습니다.

**11** 선생님께서 칠판 앞에 서 계십니다.

> **채점 기준**
> 선생님께서 칠판 앞에 서 계신다고 썼으면 정답으로 합니다.

**12** '과일 가게'와 관련 있는 낱말들입니다.

**13** ㉠은 '신호등', ㉡은 '버스'입니다.

**14** 아이들이 달리는 그림이므로 '달리다'가 어울립니다.

**15** 1단계 '나'는 차례대로 '치과', '꽃집', '가구점', '공원'을 지
났습니다.

> **채점 기준**
> '내'가 지나온 곳을 모두 알맞게 썼으면 정답으로 합니다.

2단계 학교 가는 길에 지난 곳을 떠올리고 낱말로 바
르게 씁니다.

> **채점 기준**
> 학교 가는 길에 볼 수 있는 장소를 알맞게 떠올려 썼으면
> 정답으로 합니다.

# 5. 반갑게 인사해요

## 1회 교과서 학습

개념 확인 (1) ○ (2) ×

**1** (1) ㉯ (2) ㉮ (3) ㉰ **2** ②, ④, ⑤ **3** 안녕하
세요? **4** 연우 **5** (1) × **6** (1) ㉯ (2) ㉮ **7** ④
**8** ② **9** ② **10** (1) ㉡ (2) ㉠ **11** ❶ **12** 손, 안
녕하세요 **13** (1) ㉯ (2) ㉮ **14** (1) ㉢, ㉣, ㉥ (2)
㉠, ㉡, ㉣

개념 확인 (1) 친구를 만났을 때 "안녕?"이라고 인사합니다.
(2) 학교에 갈 때에는 "다녀오겠습니다."라고 합니다.

**1** (1)은 웃어른을 만난 상황, (2)는 친구를 만난 상황, (3)
은 아는 사람을 오랜만에 만난 상황입니다.

**2** 친구들, 아랫집 할머니, 강아지들에게 인사했습니다.

**3** 아랫집 할머니께 "안녕하세요?"라고 인사했습니다.

**4** 민지는 인사하는 상황과 관련 없는 경험을 말했습니다.

**5** 만나는 사람에게 인사를 했을 때 자신의 생각을 감출
수 있는 것은 아닙니다.

**6** 그림 ❶에는 친구를 만나 인사하는 상황이, 그림 ❷에는
상을 받은 친구를 축하하는 상황이 나타나 있습니다.

**7** 할머니께서 먹을 것을 주실 때에는 "잘 먹겠습니다."
와 같이 인사해야 합니다.

**8** 남자아이는 허리를 숙여 예의 바르게 인사했습니다.

**9** 여자아이는 자신의 물건을 주워 준 친구에게 고마워
하는 마음을 표현하며 인사해야 합니다.

**10** (1)은 교실에서 친구와 부딪쳤을 때 하는 인사말이고,
(2)는 친구 집에 놀러 갔을 때 하는 인사말입니다.

**11** 상황에 맞게 인사한 것은 그림 ❶입니다.

**12** 웃어른께 인사할 때에는 주머니에서 손을 빼고 고개
를 숙이며 예의 바르게 인사해야 합니다.

> **채점 기준**
> 주머니에서 손을 뺀다는 내용과 웃어른께 하는 인사말을
> 모두 알맞게 쓰면 정답으로 합니다.

**13** 이웃에게서 선물을 받았을 때에는 "선물을 주셔서 감
사합니다."라고 인사하고, 할아버지 생신 때에는 "생
신 축하드립니다."라고 인사합니다.

**14** 상대에 따라 인사말이 달라질 수 있으므로 알맞은 인
사말을 해야 합니다.

개념 확인 (1) ◯ (2) ×

**1** (3) ◯   **2** 잘 자요, 예 저녁/밤   **3** 연주   **4** 안녕, 안녕   **5** (1) ◯   **6** ⑤   **7** ①, ②   **8** (1) 구거 (2) 아거 (3) 거르며 (4) 나드리   **9** (1) ㉣ (2) ㉢ (3) ㉮ (4) ㉯   **10** ③   **11** 지유   **12** 필통   **13** ⑤

---

개념 확인 (1) '나들이'는 읽을 때 받침 'ㄹ'이 뒤에 오는 'ㅇ'을 만나 뒷말 첫소리가 되어 [나드리]로 소리 납니다.
(2) 받침이 뒤에 오는 'ㅇ'을 만나면 받침이 뒷말 첫소리로 이어져 읽힙니다.

**1** '오빠', '형', '다람쥐'는 이 시에 나오지 않습니다.

**2** '모두 모두 잘 자요', '모두 내 꿈 꿔요'는 저녁에 자기 전에 하는 인사말입니다.

> **채점 기준**
>
> | 상 | 시에 나타난 인사말과 인사말을 하는 때를 모두 알맞게 썼습니다. |
> |---|---|
> | 중 | 시에 나타난 인사말과 인사말을 하는 때 중에서 한 가지만 알맞게 썼습니다. |
> | 하 | 시에 나타난 인사말과 인사말을 하는 때를 알맞게 쓰지 못했습니다. |

**3** 민기가 한 인사말은 아침에 일어났을 때 하는 것입니다.

**4** '안녕'은 만나거나 헤어질 때 하는 인사입니다.

**5** 사슴은 자신의 뿔을 자랑스러워했습니다.

**6** 사슴은 사냥꾼을 피해 도망가다 나뭇가지 사이에 뿔이 걸렸습니다.

**7** ㉠'사슴은'은 [사스믄]으로, ㉡'뿔을'은 [뿌를]로 소리 납니다.

**8** '국어', '악어', '걸으며', '나들이'는 앞 글자의 받침이 뒤에 오는 'ㅇ'을 만나 뒷말 첫소리로 자연스럽게 이어져 읽힙니다.

**9** 각각의 상황에서 어떤 인사말을 해야 하는지 떠올려 봅니다.

**10** 친구에게 도움을 받았을 때에는 "고마워."라고 인사합니다.

**11** '바람이'는 [바라미]로 소리 납니다.

**12** 선생님께서는 지호가 찾던 필통을 찾아 주셨습니다.

**13** 선생님께서 "물건을 찾아 주셔서 고맙습니다."라고 말하면 된다고 알려 주셨습니다. ②는 친구가 물건을 찾아 주었을 때 할 수 있는 인사말입니다.

---

**1** ①   **2** ③   **3** (1) ◯   **4** 할머니   **5** ④   **6** 예 친구의 물통을 엎질렀을 때   **7** ③   **8** (2) ◯ (3) ◯   **9** ③   **10** ⑤   **11** ⑤   **12** (1) ◯   **13** ②   **14** 모교일   **15** 1단계 예 길 2단계 예 안녕하세요?

---

**1** 친구들에게 하는 인사말로는 '안녕'이 알맞습니다.

**2** "안녕하세요?"는 웃어른을 만났을 때 하는 인사말입니다.

**3** "잘 먹었습니다."는 밥을 먹은 다음에 하는 인사말입니다.

**4** 할머니께서 남자아이에게 과일을 주셨습니다.

**5** 남자아이는 과일을 주시는 할머니께 고마워하는 마음을 담아 인사해야 합니다.

**6** 자신이 다른 사람에게 실수하거나 잘못해서 미안하다고 인사했던 경험을 씁니다.

> **채점 기준**
>
> 자신이 다른 사람에게 실수하거나 잘못했던 경험을 떠올려 미안한 마음을 담은 인사말을 쓰면 정답으로 합니다.

**7** 남자아이가 예의 바르게 인사하지 않았기 때문에 인사를 받는 사람의 기분은 좋지 않을 것입니다.

**8** 웃어른께 인사할 때에는 예의 바르고 공손하게 인사해야 합니다.

**9** 이 시에 나오는 사람은 '엄마, 아빠, 누나, 동생, 할아버지, 할머니, 고모, 이모'입니다.

**10** '잘 자요'는 저녁에 자러 갈 때 하는 인사말입니다.

**11** 자기 전에 할 수 있는 인사말은 "안녕히 주무세요."입니다.

**12** 사슴은 자신의 가늘고 긴 다리가 늘 불만이었습니다.

**13** '보이고'는 글자와 소리가 같은 낱말입니다.

**14** '목요일'은 '목'의 받침 'ㄱ'이 뒷말 첫소리로 자연스럽게 이어져 [모교일]로 읽힙니다.

**15** 1단계 여자아이는 길에서 친구와 웃어른을 만나 인사했습니다.
2단계 웃어른을 만나면 "안녕하세요?"라고 예의 바르게 인사합니다.

> **채점 기준**
>
> 친구에게 하는 인사말과 웃어른께 하는 인사말의 차이를 알고 웃어른께 하는 인사말을 쓰면 정답으로 합니다.

---

# 6. 또박또박 읽어요

개념 확인 (1) ○ (2) ×

**1** (1) ○ **2** ⑤ **3** ㉢ **4** (1) ㉯ (2) ㉮ **5** ④
**6** ⑤ **7** 되었습니다 **8** 국수 **9** ③ **10** 영현
**11** 예 모래성을 완성했습니다. **12** ⑤

개념 확인 (1) 그림을 보고 누가, 무엇을 하는지 떠올리며 문장을 읽습니다.
(2) 소리 내어 문장을 읽을 때에는 또박또박 큰 소리로 읽습니다.

**1** 여우는 '이 자전거를 가면 어디든 갈 수 있어!'라고 읽었습니다.

**2** 여우는 '타면'을 '가면'이라고 잘못 읽었습니다. 토끼는 여우가 문장을 정확하게 읽지 않아서 여우의 말을 이해하지 못했습니다.

**3** ㉠은 '오늘'과 '밤' 사이를 띄어 읽고, '밤' 뒤는 쉬어 읽었습니다. 그리고 '나무를'과 '심자'를 띄어 읽었습니다.

**4** ㉠은 밤에 나무를 심자는 뜻이고, ㉡은 밤이 열리는 나무를 심자는 뜻입니다.

**5** 그림 속 친구들은 물놀이를 하고 있습니다.

**6** 이 그림에는 강아지의 모습이 나타나 있지 않습니다.

**7** 빈칸에 들어갈 알맞은 낱말은 '되었습니다'입니다.

**8** '무엇'에 해당하는 '국수'에 ○표 합니다.

> **더 알아보기**
>
> '무엇이 무엇을 어찌하다' 문장 만들기
> • 친구가 수영을 합니다.
> • 진우가 글씨를 씁니다.
> • 형이 라면을 끓입니다.
> • 강아지가 신발을 물어뜯습니다.

**9** 동물들이 놀이터에서 놀고 있습니다.

**10** 원숭이는 달리고 있고, 토끼와 다람쥐는 시소를 타고 있습니다.

**11** 곰은 모래로 성을 만들었습니다.

> **채점 기준**
>
> 그림을 보고 곰이 무엇을 만들었는지 알맞은 문장을 썼으면 정답으로 합니다.

**12** 그림 속 여자아이는 줄넘기를 하고 있습니다.

개념 확인 (1) × (2) ○

**1** 바, 람 **2** ③ **3** ①, ③ **4** 솔이 **5** 꽃 **6** 예 달리기가 빠른 치타 **7** ② **8** ∨, ≫, ≫, ≫, ≫
**9** ③ **10** (2) ○ **11** (2) ○ **12** (1) , (2) ? (3) .
(4) ! **13** (1) ×

개념 확인 (1) 문장 부호 '!'의 이름은 '느낌표'입니다.
(2) '마침표'는 설명하는 문장 끝에 씁니다.

**1** 할아버지 댁 마당에는 나무가 있었지만 바람이 심하게 불던 날에 쓰러지고 말았습니다.

**2** 설명하는 문장 끝에는 마침표를 쓰고, 마침표는 칸의 왼쪽 아래에 씁니다.

**3** ㉡에는 쉼표와 물음표가 쓰였습니다.

**4** 쉼표 뒤에는 조금 쉬어 읽습니다.

**5** 제목과 그림을 보고 코끼리가 꽃에서 나왔다는 것을 알 수 있습니다.

**6** 자신이 만나고 싶은 동물을 알맞게 쓰면 정답으로 인정합니다.

> **채점 기준**
>
> 보기의 문장과 같이 자신이 만나고 싶은 동물과 그 특징을 알맞게 썼으면 정답으로 합니다.
>
> 이런 답도 가능해!
> • 나는 코가 긴 코끼리를 만나고 싶습니다.
> • 나는 귀가 큰 사막여우를 만나고 싶습니다.
> • 나는 나무를 잘 타는 원숭이를 만나고 싶습니다.
> • 나는 하늘을 높이 나는 독수리를 만나고 싶습니다.

**7** 쉼표 뒤인 ㉡에서 조금 쉬어 읽습니다.

**8** 쉼표 뒤에는 ∨를, 마침표, 물음표, 느낌표 뒤에는 ≫를 합니다.

**9** 쉼표 뒤에 ∨를 하므로, 쉼표가 없는 ③에는 ∨를 하지 않습니다. ③의 물음표 뒤에서는 ≫를 합니다.

**10** 그림 속 두 친구는 자전거를 타고 있습니다.

**11** (1)은 쉼표, (3)은 물음표, (4)는 느낌표의 쓰임이 들어가야 알맞습니다.

**12** (1)은 부르는 말 뒤이고, (2)는 묻는 문장의 끝입니다. (3)은 설명하는 문장의 끝이고, (4)는 느낌을 나타내는 문장의 끝입니다.

**13** 받침 'ㄶ' 뒤에 'ㄷ'이 오면 [ㅌ]으로 소리납니다. 따라서 '많다'는 [만타]로 소리 납니다.

개념북

**6**
단원

**1** ㉡ **2** ② **3** ⑤ **4** 예은 **5** ⑤ **6** ⑤ **7** ②
**8** (1) - ㉠ - ② (2) - ㉡ - ① **9** 감 **10** (1)
○ **11** 물, 음, 표 **12** ③ **13** (2) ○ **14** ④
**15** 1단계 (1) 쉼표 (2) 물음표 (3) 마침표 (4) 느낌
표 2단계 ㉣, 끝, 나, 는

**1** 어두운 밤에 나무를 심는 모습이 나타나 있으므로 ㉡
과 같이 읽어야 합니다.

**2** 띄어 읽기가 서로 달라서 문장의 뜻도 다릅니다.

**3** 문장을 알맞게 띄어 읽으면 문장의 뜻을 정확하게 이
해할 수 있습니다.

**4** 그림 속 친구들이 물놀이를 하고 있습니다.

**5** 빈칸에 들어갈 알맞은 낱말은 '친구들이'입니다.

**6** 엄마는 카메라를 들고 있습니다.

**7** 토끼와 다람쥐는 시소를 타고 있습니다.

**8** 그림을 자세히 보고 그림에 알맞은 문장을 만듭니다.

**9** 남자아이는 맛있는 감이 열리는 나무가 있으면 좋겠
다고 하였습니다.

**10** 쉼표 뒤에는 ∨를, 마침표, 물음표, 느낌표 뒤에는 ≫
를 해야 합니다.

**11** 묻는 문장에는 물음표를 씁니다.

> 채점 기준
> 묻는 문장의 끝에 오는 부호의 이름을 알맞게 썼으면 정
> 답으로 합니다.

**12** 마침표는 설명하는 문장 끝에 씁니다.

**13** 코끼리는 필통 속으로 들어갔습니다.

**14** ㉠, ㉡, ㉢, ㉤은 쉼표 뒤이므로 ∨를 합니다.

**15** 1단계 ㉠은 쉼표, ㉡은 물음표, ㉢은 마침표, ㉣은 느
낌표입니다.

> 채점 기준
> 각 문장에 쓰인 문장 부호의 이름을 알맞게 썼으면 정답
> 으로 합니다.

> 2단계 글이 끝나는 곳에서는 ≫를 하지 않습니다.

> 채점 기준
> 글의 마지막 문장을 찾고, 글이 끝나는 곳 뒤에서는 ≫를
> 하지 않는다는 내용을 쓰면 정답으로 합니다.

# 7. 알맞은 낱말을 찾아요

개념 확인 (1) ○ (2) ×

**1** ① **2** (3) ○ **3** 냄비 **4** 하준 **5** (1) 박 (2) 밖
**6** 아빠 **7** ④ **8** (1) 닦 다 (2) 샀 다
**9** ⑤ **10** (1) ㉮ (2) ㉱ (3) ㉯ **11** 예 이를 닦습니
다. **12** ④

개념 확인 (1) 같은 자음자가 겹쳐서 된 받침을 '쌍받침'이라
고 합니다.
(2) ㄲ 받침은 ㄱ 받침과, ㅆ 받침은 ㅅ 받침과 소리가
같습니다.

**1** 곰은 사자에게 요리를 배우러 왔다고 했습니다.

**2** 사자가 문장으로 설명하지 않았기 때문에 곰이 사자
의 설명을 알아듣기 어려웠습니다.

**3** 사자는 "꿀을 냄비에 넣으세요."라고 말하고 싶었을
것입니다.

**4** 하고 싶은 말을 문장으로 표현하면 자신의 생각이나 전
달할 내용을 상대에게 정확하게 전달할 수 있습니다.

**5** (1)에는 '박'이, (2)에는 '밖'이 알맞습니다.

**6** ㅆ 받침을 넣어서 '먹었니'라고 써야 알맞습니다.

**7** ㉠에는 '볶'이, ㉡에는 '깎'이 들어가야 알맞습니다.

**8** (1)'닦다'에는 ㄲ 받침이 들어가고, (2)'샀다'에는 ㅆ 받
침이 들어갑니다.

**9** 호랑이가 하고 있는 것은 홀라후프입니다.

**10** (1)에는 ㉮의 문장, (2)에는 ㉱의 문장, (3)에는 ㉯의
문장이 어울립니다.

**11** '내'가 하는 행동이나 모습에 대한 문장을 만들어야
합니다.

> 채점 기준
> 그림 속 '나'의 상황에 어울리는 내용으로 썼으면 정답으
> 로 합니다.

**12** '동생과 나는 수박을 먹습니다.'가 그림에 알맞은 문
장입니다.

> 더 알아보기
> 그림에서 '동생'과 '나'는 수박을 심고 있는 것이 아니라
> 수박을 먹고 있습니다.

개념확인 (1) ✕ (2) ◯

**1** (1) ㉣ (2) ㉤ (3) ㉮ (4) ㉯ **2** (1) 장미 (2) 오리
(3) 과일 **3** ④ **4** ② **5** 춤을 **6** ① **7** 책을 봅
니다 **8** (3) ◯ **9** 예 콩쥐팥쥐 **10** ② **11** (1) ㉯
(2) ㉮ **12** ⑤ **13** (1) ㉯ (2) ㉮

개념확인 (1) 움직임을 나타낼 때에는 "누가 무엇을 합니
다."와 같이 표현합니다.
　(2) 무엇이 어디에 속하는지 나타내고 싶을 때에는
"무엇은 무엇입니다"와 같이 표현합니다.

**1** 그림 ❶은 한복이므로 옷이고, 그림 ❷는 복숭아이므
로 과일입니다. 그림 ❸은 장미이므로 꽃이고, 그림
❹는 오리이므로 동물입니다.

**2** '장미'는 '꽃'에 포함되고, '오리'는 '동물'에 포함되고, '
복숭아'는 '과일'에 포함됩니다.

**3** 원숭이는 피아노를 치고 있습니다.

**4** 토끼가 딸기를 먹고 있습니다.

**5** 호랑이는 춤을 추고 있습니다.

**6** 아이들이 읽고 있는 책이 재미있는지 궁금해졌습니다.

**7** 그림에 어울리는 문장은 '고양이가 책을 봅니다.'입
니다.

> 채점 기준
> '책을'과 '봅니다'를 골라 문장을 완성해야만 정답으로 합
> 니다.

**8** '번쩍'의 뜻은 '몸의 한 부분을 갑자기 위로 높이 들어
올리는 모양.'이고, '용감한'의 뜻은 '용기가 있으며 씩
씩하고 기운찬.'입니다.

**9** 자신이 읽은 책 중에서 가장 기억에 남는 책을 한 가
지 씁니다.

**10** 아기 생쥐들이 잠을 자고 있습니다.

**11** (1)에는 '합니다'가 들어가는 것이 알맞고, (2)에는 '차
를'이 들어가는 것이 알맞습니다.

**12** '버스'와 어울리는 말은 '탔습니다'입니다.

**13** '양말'은 '신다'와 어울리고, '바지'는 '입다'와 어울립
니다.

> 더 알아보기
> '양말'은 '신다'와 어울려 '양말을 신다'와 같이 쓰입니다.
> '바지'는 '입다'와 어울려 '바지를 입다'와 같이 쓰입니다.

**1** ㉡, ㉢, ㉤ **2** ㅆ **3** (1) ㉯ (2) ㉮ **4** ② **5** (1)
예 해가 (2) 예 기지개를 **6** ② **7** ③ **8** (4)
✕ **9** ⑤ **10** (2) ◯ **11** ④ **12** (1) ㉯ (2) ㉮
**13** (1) ◯ **14** ④ **15** 1단계 (1) 호랑이 (2) 곰
2단계 (1) 호랑이가 (2) 곰이 노래를

**1** ㉡에 ㄲ 받침이, ㉢과 ㉤에 ㅆ 받침이 들어가 있습니다.

**2** 공을 차고 있는 그림이므로 ㅆ 받침을 써서 '찼다'가 되
어야 합니다.

**3** (1)에는 '깎'이 들어가는 것이 알맞고, (2)에는 '었'이
들어가는 것이 알맞습니다.

**4** 창밖에 참새가 날아가는 것이 보이므로 '참새가'가 들
어가야 합니다.

**5** (1)에는 '해가'가 들어가야 알맞고, (2)에는 '기지개를'
이 들어가야 알맞습니다.

**6** 모자는 옷걸이에 걸려 있고, 옷걸이는 침대 옆에 있
습니다. 그림은 벽에 걸려 있고, 베개는 침대 위에 놓
여 있습니다.

**7** 복숭아는 '과일'입니다.

**8** 꽃을 따는 모습은 그림 ㉯에 나타나 있지 않습니다.

**9** '나'는 그림책에 푹 빠져서 매일 밤 책을 읽으며 신기
한 여행을 떠났습니다.

**10** '나'는 자신이 용감한 고양이라서 무섭지 않다고 말했
습니다.

**11** '용기가 있으며 씩씩하고 기운찬.'은 '용감한'의 뜻입니다.

**12** 문장에 들어갈 알맞은 말을 찾아봅니다.

**13** 그림에서 할아버지와 강아지는 산책을 하고 있습니다.

> 왜 답이 아닐까?
> 공놀이를 하는 것은 아이들입니다.

**14** '모자'는 '쓰다'와 함께 '모자를 쓰다'와 같이 쓰입니다.

**15** 1단계 (1) 춤을 추는 것은 호랑이이고, (2) 노래를 하
는 것은 곰입니다.
2단계 "누가 무엇을 합니다."와 같은 문장으로 써야
합니다.

> 채점 기준
> (1)에는 '누가'를, (2)에는 '누가 무엇을'을 적어서 문장을
> 완성하여야 정답으로 합니다.

개
념
북

**7**
단원

# 1. 글자를 만들어요

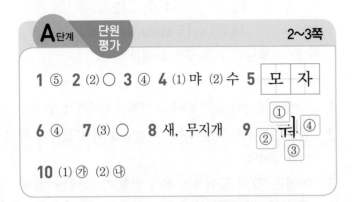

**A단계 · 단원평가**      2~3쪽

**1** ⑤   **2** ⑵ ○   **3** ④   **4** ⑴ 먀 ⑵ 수   **5** 모 자

**6** ④   **7** ⑶ ○   **8** 새, 무지개   **9** ① ② 궈 ④ ③

**10** ⑴ ㉮ ⑵ ㉯

**1** 이 그림에 자음자 'ㅈ'은 나타나 있지 않습니다.

**2** 자음자 'ㄱ', 'ㄴ', 'ㄹ', 'ㅁ'과 모음 'ㅏ', 'ㅓ'로 만들 수 있는 낱말은 '나라'입니다.

**3** '게', '파', '가지', '바나나'는 모음자가 자음자의 오른쪽에 있습니다.

> **더 알아보기**
>
> **모음자가 자음자의 오른쪽에 있는 낱말**
>
> ① ㄱ ㅔ     ② ㅍ ㅏ
>
> ③ ㄱ ㅏ ㅈ ㅣ     ⑤ ㅂ ㅏ ㄴ ㅏ ㄴ ㅏ
>
> **모음자가 자음자의 아래쪽에 있는 낱말**
>
> ④ ㅍ ㅗ ㄷ ㅗ

**4** ㉠에는 '먀', ㉡에는 '수'가 들어갑니다.

**5** 그림에 알맞은 낱말은 '모자'입니다.

**6** 고개를 똑바로 들고 글을 읽어야 합니다.

**7** ⑶의 친구는 바른 자세로 앉아서, 글씨를 쓰지 않는 손으로 공책을 누르고 있으며 공책과 눈의 거리도 알맞습니다.

> **왜 답이 아닐까?**
>
> ⑴, ⑵ 손으로 턱을 받쳤으며 다리를 벌리고 앉았습니다.
> ⑷ 고개를 기울였으며 다리를 꼬고 앉았습니다.

**8** '새'와 '무지개'의 '개'에 모음자 'ㅐ'가 들어갑니다.

**9** 모음자 'ㅝ'를 쓸 때에는 'ㅜ'를 먼저 쓴 다음 'ㅓ'를 씁니다.

**10** ⑴은 '바다', ⑵는 '도토리'라고 써야 알맞습니다.

---

**B단계 · 단원평가**      4~5쪽

**1** ⑴ ○   **2** ④   **3** ㅈ, ㅜ / ㅅ, ㅏ / 주사   **4** ③

**5** 타, 조, 타조   **6** 지호   **7** 고개, 예 모으고 앉습니다.   **8** ①, ③, ⑤   **9** 시 계   **10** ④

**1** '포도'는 자음자와 모음자가 위아래로 만나 글자가 됩니다.

**2** 자음자 'ㅅ'과 'ㄱ'이 모두 들어간 낱말은 '소개'입니다.

**3** 그림에 알맞은 낱말은 '주사'입니다.

**4** '브'는 표에서 찾을 수 없습니다.

**5** '타조'는 '타'와 '조'가 만나서 만들어진 글자입니다.

> **채점 기준**
>
> '타'와 '조'가 만나 '타조'가 된다고 모두 바르게 썼으면 정답으로 합니다.

**6** 글을 읽는 바른 자세를 말한 친구는 지호입니다.

> **더 알아보기**
>
> **바르게 읽는 자세**
> • 허리를 곧게 펴고 다리를 모은 자세로 책을 읽습니다.
> • 책을 두 손으로 잡고 읽습니다.
> • 책과 눈의 거리를 알맞게 합니다.
> • 앉을 때는 엉덩이를 의자 뒤쪽에 붙입니다.

**7** 고개를 똑바로 들고 다리를 가지런하게 모으고 앉아야 합니다.

> **채점 기준**
>
> 글씨를 쓸 때에는 고개를 똑바로 들고 다리를 모으고 앉는다는 내용을 썼으면 정답으로 합니다.

**8** '꿰매다'에 들어 있는 모음자는 'ㅞ', 'ㅐ', 'ㅏ'입니다.

**9** 그림에 알맞은 낱말은 '시계'입니다.

**10** ④ 'ㅚ'는 'ㅗ'를 먼저 쓰고 'ㅣ'를 씁니다.

> **왜 답이 아닐까?**
>
> **모음자를 쓰는 순서**
>
>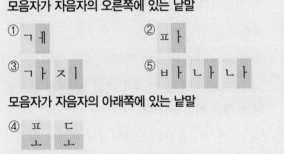
>
> ① ㅞ    ② ㅒ    ③ ㅙ    ⑤ ㅟ

# 2. 받침이 있는 글자를 읽어요

**A**단계 단원평가

**1** ② **2** (1) 집 (2) 벽 (3) 문 **3** (1) ㉣
(2) ㉮ **4** ⑤ **5** ②, ③ **6** (1) 키 읔 (2)
화 분 **7** (1) ㅌ (2) ㅍ **8** ③ **9** ⑤ **10** ⑤

**1** 그림에 알맞은 낱말은 '잠'이므로 ㅁ 받침이 들어가야 합니다.

**2** (1)은 '집', (2)는 '벽', (3)은 '문'을 나타내고 있으므로 알맞은 받침을 써 봅니다.

**3** (1)은 ㄹ 받침을 넣어 '물', (2)는 ㅅ 받침을 넣어 '빗'이 되어야 합니다.

**4** '바나나'에는 받침이 있는 글자가 없습니다.

> **왜 답이 아닐까?**
> ① '팥'에는 ㅌ 받침이 있습니다.
> ② '못'에는 ㅅ 받침이 있습니다.
> ③ '김밥'에는 ㅁ과 ㅂ 받침이 있습니다.
> ④ '놀이터'에는 ㄹ 받침이 있습니다.

**5** '수박'과 '복숭아'는 ㄱ 받침이 들어간 낱말입니다.

> **더 알아보기**
> ① '참외'에는 ㅁ 받침이 들어가 있고, ④ '살구'에는 ㄹ 받침이 들어가 있습니다. ⑤ '오렌지'에는 ㄴ 받침이 들어가 있습니다.

**6** (1) '키읔'은 ㅋ 받침이 들어가고, (2) '화분'은 ㄴ 받침이 들어갑니다.

**7** (1)의 그림은 '솥'을 나타내고, (2)의 그림은 '숲'을 나타내고 있습니다.

**8** 발표를 할 때에는 듣는 사람을 바라보며 허리를 곧게 세워야 합니다.

> **더 알아보기**
> 발표를 할 때에는 알맞은 크기의 목소리로 또박또박 말하고, 손을 자연스럽게 내립니다. 또 다리를 어깨너비만큼 자연스럽게 벌려야 합니다.

**9** 엄마 오리가 못물 속에 '풍덩' 들어가자 아기 오리도 엄마를 따라 '퐁당' 들어갔습니다.

**10** '보름달'에는 '엄마'와 같이 ㅁ 받침이 있습니다.

**B**단계 단원평가

**1** 팔 **2** ② **3** 아래쪽 **4** (1) 부 엌 (2)
독 수 리 **5** ㄴ **6** ② **7** (1) 발 (2) 밤 (3)
방 **8** (1) ○ **9** ⑤ **10** (1) 컵 (2) 예 컵으로 물을 마셔요.

**1** 자음자 ㅍ과 모음자 ㅏ, 자음자 ㄹ을 사용하여 글자 '팔'을 만들 수 있습니다.

**2** '벽'에 ㄱ 받침, '별'에 ㄹ 받침, '구름'에 ㅁ 받침, '집'에 ㅂ 받침이 쓰였습니다.

**3** 글자 아래쪽에 있는 자음자를 '받침'이라고 합니다.

> **채점 기준**
> 받침의 위치를 알고 '아래쪽'이라고 답을 써야만 정답으로 합니다.

**4** (1)은 ㅋ 받침이 있는 '부엌', (2)는 ㄱ 받침이 있는 '독수리'가 되어야 합니다.

**5** '반지', '화분', '눈'은 모두 ㄴ 받침이 있는 낱말입니다.

**6** '꽃', '팥죽', '숟가락', '젓가락'에 쓰인 ㅊ, ㅌ, ㄷ, ㅅ 받침은 모두 [ㄷ]으로 소리 납니다. '열쇠'에 쓰인 ㄹ 받침은 나머지와 소리가 다릅니다.

**7** '바'에 ㄹ 받침을 더하면 '발', ㅁ 받침을 더하면 '밤', ㅇ 받침을 더하면 '방'이 됩니다.

**8** 친구는 발표를 하면서 듣는 사람이 아닌 딴 곳을 바라보고 있습니다.

> **왜 답이 아닐까?**
> (2)도 발표를 하는 자세로 알맞은 것이지만, 그림의 친구는 딴 곳을 바라보고 있습니다. 그리고 목소리의 크기는 알 수 없습니다. 따라서 그림의 친구에게는 (1)과 같은 말을 하는 것이 알맞습니다.

**9** 다른 사람의 말을 집중해 들을 때에는 말하는 사람을 바라보며 말하는 내용을 귀 기울여 들어야 합니다.

**10** (1)에는 ㅂ 받침을 넣어 '컵'을 씁니다. (2)에는 '컵'이 들어간 알맞은 문장을 써 봅니다.

> **채점 기준**
> (1)에서 낱말의 받침을 알맞게 쓰고, (2)에서 낱말을 사용한 문장을 알맞게 만들어 썼으면 정답으로 합니다.

# 3. 낱말과 친해져요

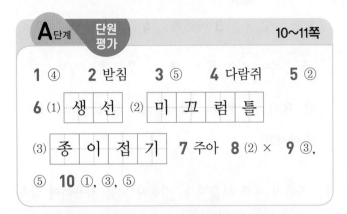

**A**단계 **단원 평가** 　　　　　10~11쪽

**1** ④　　**2** 받침　　**3** ⑤　　**4** 다람쥐　　**5** ②

**6** (1) | 생 | 선 |　(2) | 미 | 끄 | 럼 | 틀 |

(3) | 종 | 이 | 접 | 기 |　**7** 주아　**8** (2) ×　**9** ③,

⑤　**10** ①, ③, ⑤

**B**단계 **단원 평가** 　　　　　12~13쪽

**1** ⑤　**2** ③, ⑤　**3** ②, ⑤　**4** | 하 | 늘 |　**5** ㅁ,

ㅇ, 지팡이　**6** | 쌀 |　**7** ③　**8** 폴짝폴짝, 쫓아가

면　**9** 성훈　**10** (1) ㉯ (2) ㉰ (3) ㉮

**1** '고'에 'ㅁ' 받침을 더하면 '곰'이 됩니다.

**2** 토순이는 엄마께서 말씀하신 글자의 받침을 정확하게 쓰지 않았습니다.

**3** 엄마는 토순이가 글자를 정확하게 쓰지 않아서 당황스러웠을 것입니다.

**4** 이 시에 나오는 동물은 '다람쥐'입니다.

**5** '를', '울', '돌', '들'에 모두 들어 있는 받침은 자음자 'ㄹ'입니다.

> **더 알아보기**
>
> 이 시에서 받침으로 'ㄹ'이 들어간 글자는 '를', '울', '돌', '들', 받침으로 'ㄴ'이 들어간 글자는 '건', '인', 받침으로 'ㅁ'이 들어간 글자는 '람', '검'입니다.

**6** '생선'에는 받침 'ㅇ'과 'ㄴ', '미끄럼틀'에는 받침 'ㅁ'과 'ㄹ', '종이접기'에는 받침 'ㅇ'과 'ㅂ'이 들어갑니다.

**7** 자음자 'ㄲ'은 자음자 'ㄱ'보다 더 힘주어 소리 내므로, 'ㄲ'이 들어간 '꿀'을 '굴'보다 더 힘주어서 소리 내야 합니다.

**8** (1)과 (3)에는 자음자 'ㅃ'이 들어 있고, (2)에는 들어 있지 않습니다.

> **더 알아보기**
>
> '찌개'와 같이 자음자 'ㅉ'이 들어간 낱말에는 '짝', '팔찌', '쪽지', '짬뽕', '짜장면' 등이 있습니다.

**9** 이 글에는 토끼와 호랑이가 등장합니다.

**10** ㉠'폴짝폴짝'은 '짝'에 자음자 'ㅉ'이 들어간 낱말로, 토끼의 움직임을 나타냅니다.

> **왜 답이 아닐까?**
>
> ② ㉠'폴짝폴짝'은 받침으로 자음자 'ㄹ'과 'ㄱ'이 쓰였습니다.
> ④ 받침이 있는 글자에서 받침을 빼면 낱말의 뜻이 달라집니다.

**1** 다람쥐를 위해 다리를 놓았습니다.

**2** '징검다리'의 '징'에 자음자 'ㅇ', '검'에 자음자 'ㅁ'이 받침으로 들어갔습니다.

**3** '안경'의 '안'과 '신발'의 '신'에 받침으로 자음자 'ㄴ'이 들어갑니다.

**4** 받침 'ㄹ'을 넣어 '하늘'을 완성합니다.

**5** '지팜이'의 받침 'ㅁ'을 'ㅇ'으로 고쳐 '지팡이'라고 바르게 써야 합니다.

> **채점 기준**
>
> | 상 | 틀린 받침을 찾아 낱말을 바르게 고쳐 썼습니다. |
> |---|---|
> | 하 | 틀린 받침은 찾았지만 낱말을 바르게 고쳐 쓰지 못했거나, 낱말을 바르게 고쳐 썼지만 틀린 받침 글자를 찾아 쓰지 못했습니다. |

**6** 자음자 'ㅆ'을 넣어 '쌀'을 완성합니다.

**7** '나'는 토끼에게 언덕을 만들어 주었습니다.

> **왜 답이 아닐까?**
>
> ① 호랑이를 보고 도망간 인물은 토끼입니다.
> ②, ④ '나'는 토끼에게 언덕을 만들어 주었습니다.
> ⑤ '나'는 호랑이에게 토끼를 쫓아가지 말라고 했습니다.

**8** 자음자 'ㅉ'이 들어간 낱말은 '폴짝폴짝'과 '쫓아가면'입니다.

> **채점 기준**
>
> | 상 | '폴짝폴짝'과 '쫓아가면'을 모두 바르게 썼습니다. |
> |---|---|
> | 하 | '폴짝폴짝'과 '쫓아가면' 중에서 하나만 쓰거나 두 낱말 모두 바르게 쓰지 못했습니다. |

**9** '호랑이'의 '랑'에는 받침으로 자음자 'ㅇ'이 들어갔습니다.

> **왜 답이 아닐까?**
>
> 규호: '왜'는 받침이 없는 낱말입니다.
> 나현: '언덕'에는 받침 'ㄴ'과 'ㄱ'이 들어갑니다.
> 희수: '쉬었다'에는 '었'에 받침으로 'ㅆ'이 들어갑니다.

**10** '쌩쌩'은 자음자 'ㅆ', '쨍쨍'은 자음자 'ㅉ', '뒤뚱뒤뚱'은 자음자 'ㄸ'이 들어간 낱말입니다.

# 4. 여러 가지 낱말을 익혀요

**1** ⑴ ○ **2** ② **3** ⑴ ㉯ ⑵ ㉮ **4** ①, ⑤ **5** 좋아하다 **6** 손등 **7** ② **8** ① **9** ⑤ **10** ⑴ ㉮ ⑵ ㉯

**1** 그림에 알맞은 낱말은 '배'입니다.

**2** 얼굴 부분을 가리키는 말 가운데 받침 'ㄴ'이 들어가는 낱말은 '눈'입니다.

> **더 알아보기**
> 얼굴 부분을 가리키는 낱말에는 '눈', '코', '입', '귀', '볼', '턱', '이마' 등이 있습니다.

**3** ⑴에 알맞은 낱말은 '할머니', ⑵에 알맞은 낱말은 '어머니'입니다.

**4** 이 글에서 동생과 엄마, 아빠는 나오지만 형과 언니는 나오지 않습니다.

**5** 그림과 글의 내용으로 보아, '좋아하다'가 들어가야 알맞습니다.

> **더 알아보기**
> 음식과 관련 있는 낱말에는 여러 가지가 있습니다. 이 글에 나오는 '뜨겁다' 외에도 '시원하다', '따뜻하다', '고소하다', '달콤하다', '말랑말랑하다' 등이 있습니다.

**6** '손등'이 알맞습니다.

**7** '과학실', '운동장', '교실'과 모두 관련 있는 낱말은 '학교'입니다.

> **왜 답이 아닐까?**
> ① '은행'과 관련 있는 낱말에는 '돈, 통장, 카드, 번호표' 등이 있습니다.
> ③ '빵집'과 관련 있는 낱말에는 '우유, 잼, 식빵' 등이 있습니다.
> ④ '소방서'와 관련 있는 낱말에는 '소방관, 소방차' 등이 있습니다.
> ⑤ '과일 가게'와 관련 있는 낱말에는 '사과, 포도, 배, 귤, 딸기' 등이 있습니다.

**8** 빈칸에 알맞은 낱말은 '서점'입니다.

**9** 이 글에서 '나'는 '치과', '꽃집', '가구점', '공원'을 지났습니다.

**10** 글의 내용으로 보아 '길을'은 '건너다'와, '아저씨를'은 '만나다'와 어울립니다.

**1** ⑴ ○ **2** ⑴ 팔 ⑵ 발 **3** ⑴ ㉯ ⑵ ㉰ ⑶ ㉮ **4** ③ **5** 피자 **6** ③ **7** 책상 **8** 학교 **9** 예 선인장 **10** ⑴ ㉯ ⑵ ㉮

**1** 그림 속 꽃의 이름은 '해바라기'입니다.

**2** ⑴은 '팔', ⑵는 '발'을 나타낸 그림입니다.

> **더 알아보기**
> '몸'과 관련 있는 낱말에는 '손', '발', '팔', '다리', '어깨', '배' 등이 있습니다.

**3** '귀'는 '듣다', '코'는 '맡다', '눈'은 '보다'와 어울립니다.

**4** '나'는 "국수 먹으면 내 머리도 길어졌으면 좋겠어."라고 하였습니다.

> **왜 답이 아닐까?**
> ① 이 글에서 키가 커진다는 내용은 나와 있지 않습니다.
> ② '나'는 "국수 먹으면 오래 살아?"라고 했지만, 나이가 많아지면 좋겠다는 내용은 나와 있지 않습니다.
> ④ 스파게티를 삼키면 몸 안에 길이 생길 것 같다고 했습니다.
> ⑤ '나'는 "그럼 할머니랑 친구 되는 거야?"라고 했지만, 오빠랑 친구가 되었으면 좋겠다는 내용은 나와 있지 않습니다.

**5** '오빠가 좋아하는 피자도 맛있어.'라고 하였으므로 오빠가 좋아하는 음식은 '피자'입니다.

> **채점 기준**
> 오빠가 좋아하는 음식의 이름을 바르게 썼으면 정답으로 합니다.

**6** '춤추다'가 알맞습니다.

**7** 빈칸에는 '책상'이 들어가야 알맞습니다.

**8** '나'는 학교에 가려고 집을 나섰습니다.

> **더 알아보기**
> '내가' 학교 가는 길에 지난 곳: 치과 → 꽃집 → 가구점 → 공원

**9** '꽃집'에서 볼 수 있는 것과 발자국 모양의 닮은 점을 떠올려 봅니다.

> **채점 기준**
> 빈칸에 꽃집과 관련 있는 낱말을 알맞게 떠올려 썼으면 정답으로 합니다.

**10** ⑴은 '국수', ⑵는 '소방차' 그림입니다.

평가북 4단원

# 5. 반갑게 인사해요

## A단계 단원평가
18~19쪽

**1** ③  **2** (1) ○  **3** 수영  **4** ⑤  **5** (1) ○  (3) ○
**6** ①, ⑤  **7** ①  **8** (1) ㈐  (2) ㈎  **9** 걸음
**10** (1) ○

## B단계 단원평가
20~21쪽

**1** (1) ○  **2** ⑤  **3** 예 고마워하는  **4** 학교
**5** (3) ○  **6** (1) ○  **7** ③  **8** ⑤  **9** ㅂ, 지브로
**10** (1) 아거  (2) 노리터

**1** 웃어른을 만났을 때에는 "안녕하세요?"라고 인사해야 합니다.

**2** '나'는 친구들에게 "안녕!", 강아지들에게 "안녕?"이라고 인사했습니다.

**3** 친구들에게는 "안녕!"이라고 인사하고 아랫집 할머니께는 "안녕하세요?"라고 인사했으므로, 친구에게 하는 인사와 웃어른께 하는 인사가 다르다는 것을 알 수 있습니다.

> **왜 답이 아닐까?**
>
> 이 글에는 아침에 하는 인사와 저녁에 하는 인사가 나오지 않습니다.

**4** 집에 초대해 준 친구에게 고마워하는 마음으로 인사하는 것이 알맞습니다.

**5** 뛰어가다 다른 친구와 부딪쳤을 때에는 친구에게 미안하다고 말하고 친구가 많이 아픈지 물어봐야 합니다.

**6** 이 시에 나오는 인사말은 '잘 자요'와 '내 꿈 꿔요'입니다.

> **더 알아보기**
>
> 저녁에 할 수 있는 인사말에는 "안녕히 주무세요.", "좋은 꿈 꾸세요." 등이 있습니다.

**7** 이 시에 나오는 '잘 자요', '내 꿈 꿔요'는 저녁에 자러 갈 때 하는 인사말입니다.

> **왜 답이 아닐까?**
>
> ② 학교에 다녀왔을 때: "학교 다녀왔습니다."
> ③ 아침에 일어났을 때: "안녕히 주무셨어요?"
> ④ 길에서 웃어른을 만났을 때: "안녕하세요?"
> ⑤ 학교에서 친구들과 헤어질 때: "안녕.", "잘 가."

**8** 사슴은 자신의 뿔을 자랑스러워했지만 가늘고 긴 다리가 불만이었습니다.

**9** 사슴은 사냥꾼의 걸음 소리를 듣고 도망갔습니다.

**10** '사슴은'은 받침 'ㅁ'이 뒤에 오는 'ㅇ'을 만나 뒷말 첫소리로 자연스럽게 이어져 [사스믄]으로 소리 납니다.

**1** 오랜만에 만났을 때에는 "반갑습니다."라고 인사할 수 있습니다.

**2** 그림에는 세나가 지아의 물건을 주워 주는 모습이 나타나 있습니다.

**3** 물건을 주워 준 친구에게 고마워하는 마음으로 인사해야 합니다.

> **채점 기준**
>
> | 상 | 친구에게 고마워하는 마음으로 인사한다는 내용을 알맞게 썼습니다. |
> |---|---|
> | 하 | 미안한 마음, 부끄러운 마음 등과 같이 그림의 상황과 관련 없는 마음가짐으로 인사한다는 내용을 썼습니다. |

**4** 그림 ①의 남자아이는 안전하게 학교에 갈 수 있도록 도와주시는 어른께 "고맙습니다."라고 인사했습니다.

**5** "생일 축하해."는 친구의 생일을 축하할 때 하는 인사말입니다.

> **왜 답이 아닐까?**
>
> 학교에 갈 때에는 "다녀오겠습니다.", 간식을 먹을 때에는 "잘 먹겠습니다."와 같은 인사말을 합니다.

**6** (1)은 저녁에 하는 인사말이고, (2)는 아침에 하는 인사말입니다.

**7** 친구의 물통을 엎지른 상황에서는 "미안해."라고 말해야 합니다.

> **왜 답이 아닐까?**
>
> "괜찮아."는 물통을 엎질러서 미안해하는 친구에게 할 수 있는 인사말입니다.

**8** 사슴은 나뭇가지 사이에 뿔이 걸려서 한 발짝도 움직일 수 없었습니다.

**9** '집으로'는 받침 'ㅂ'이 뒷말 첫소리로 이어져서 [지브로]로 소리 납니다.

> **채점 기준**
>
> 받침이 뒤에 오는 'ㅇ'을 만나 뒷말 첫소리로 자연스럽게 이어져 읽힌다는 것을 알고 뒤로 넘어가는 받침과 알맞은 소리를 쓰면 정답으로 합니다.

**10** '악어'는 [아거]로, '놀이터'는 [노리터]로 소리 납니다.

# 6. 또박또박 읽어요

**1** (1) ○ **2** (1) ○ **3** ⑤ **4** (1) 실내화 (2) 씻습니다 **5** (2) ○ **6** (2) ○ **7** ④ **8** ㉡ **9** ③ **10** ⑤

**1** 낮에 나무를 심고 있으므로 (1)이 알맞습니다. (2)는 해가 지고 어두운 밤에 나무를 심는다는 뜻입니다.

> **더 알아보기**
>
> **띄어 읽기에 따라 의미가 달라지는 문장**
> • 나물 좀 더 주세요.
> 나 물 좀 더 주세요.
> • 어서 들어가자.
> 어서 들어가, 자.
> 어서 들어, 가자!
> • 애! 이가 아파요.
> 아이가 아파요.

**2** 그림에서 새가 날아가고 있습니다. 엄마는 사진을 찍고, 친구들은 물놀이를 합니다.

**3** 엄마는 사진을 찍고 있습니다.

**4** '누나가 실내화를 신습니다.', '친구가 손을 씻습니다.'가 그림에 알맞은 문장입니다.

**5** 친구는 편지를 쓰고 있습니다.

**6** 바람이 심하게 불던 날 나무가 쓰러지고 말았기 때문에, 할아버지 댁 마당에는 나무가 없습니다.

**7** '.'의 이름은 '마침표'입니다. 마침표는 설명하는 문장 끝에 씁니다.

> **왜 답이 아닐까?**
>
> ① 쉼표는 부르는 말이나 대답하는 말 뒤에 씁니다.
> ② 느낌표는 느낌을 나타내는 문장 끝에 씁니다.
> ③ 따옴표는 글에서 남의 말을 따온 부분이나 글쓴이가 특별히 강조하는 부분의 처음과 끝을 나타내는 표시입니다. 큰따옴표("")와 작은따옴표('')가 있습니다.
> ⑤ 물음표는 묻는 문장의 끝에 씁니다.

**8** 쉼표 뒤인 ㉡에서 ∨를 하고 조금 쉬어 읽습니다. ㉢, ㉣, ㉤에서는 ∨∨를 하고 쉼표보다는 조금 더 쉬어 읽습니다.

**9** '여우야'는 부르는 말이므로 ',(쉼표)'를, '오늘은 우리 집으로 놀러 올래'는 묻는 문장이므로 '?(물음표)'를 씁니다.

**10** 문장 부호는 문장의 뜻을 이해하기 쉽도록 도와줍니다.

**1** (2) ○ **2** 뜻 **3** (2) ○ **4** ⑤ **5** 토끼와 다람쥐가 시소를 탑니다. **6** (1) ㉮ (2) ㉰ (3) ㉯ **7** ④ **8** ∨∨ **9** 예 조금 쉬어 **10** (1) ○

**1** '타면'를 '가면'으로 읽었으므로 여우는 문장을 정확하게 읽지 않았습니다.

**2** 여우처럼 문장을 정확하게 읽지 않으면 문장의 뜻을 이해할 수 없습니다.

**3** 강아지가 뛰는 모습을 나타낸 그림은 (2)입니다.

**4** 그림의 내용을 가장 알맞게 나타낸 문장은 ⑤입니다.

**5** 그림에서 토끼와 다람쥐가 시소를 타고 있습니다.

> **채점 기준**
>
> 보기에서 낱말을 골라, 토끼와 다람쥐가 무엇을 어찌하는지 알맞게 썼으면 정답으로 합니다.

> **더 알아보기**
>
> **문장의 기본 구조와 문장**
> • 무엇이 어떠하다/어찌하다: 병아리가 귀엽습니다. 동생이 울었습니다.
> • 무엇이 무엇이 되다/아니다: 나는 초등학생이 되었습니다. 저 사람은 주인이 아닙니다.
> • 무엇이 무엇을 어찌하다: 동생이 만두를 먹습니다. 아기가 잠을 잡니다.

**6** 코끼리는 눈을 깜빡깜빡, 귀를 팔랑팔랑, 긴 코를 살랑살랑 움직였습니다.

**7** "내 필통 구경할래?"는 묻는 문장이므로 물음표가 들어가야 합니다. 물음표를 알맞게 쓴 것은 ④입니다.

> **더 알아보기**
>
> **문장 부호에 따라 실감 나게 읽는 법**
> • 마침표: 끝이 올라가거나 내려가지 않게 읽습니다.
> • 물음표: 궁금한 점이나 잘 모르는 점을 물어보는 것처럼 끝을 올려 읽습니다.
> • 느낌표: 깜짝 놀라거나 몰랐던 사실을 알게 되었거나 어떤 생각을 하게 되었을 때처럼 느낌을 살려 읽습니다.

**8** 느낌표와 마침표 뒤에는 ∨∨를 합니다.

**9** 쉼표 뒤에는 ∨를 하고 조금 쉬어 읽습니다.

> **채점 기준**
>
> 쉼표 뒤에서 조금 쉬어 읽는다는 내용을 썼으면 정답으로 합니다.

**10** 그림에 알맞은 문장은 (1)입니다.

평가북 **6** 단원

# 7. 알맞은 낱말을 찾아요

## A단계 단원평가 26~27쪽

**1** 낚, 갔 **2** (1) ㉯ (2) ㉮ **3** 볶 **4** (2) ○ **5** (1)
㉠ (2) ㉡ **6** 닦습니다 **7** ④ **8** ③, ⑤ **9** ①
**10** (1) ○

**1** 같은 자음자가 겹쳐서 된 받침이 들어간 글자는 '낚', '갔'입니다.

> **더 알아보기**
> 같은 자음자가 겹쳐서 된 자음자는 쌍자음자이고, 받침으로 쓰일 수 있는 쌍자음자는 ㄲ과 ㅆ입니다.
> '낚시'에는 ㄲ 받침이 쓰였고, '갔다'에는 ㅆ 받침이 쓰였습니다.

**2** ⑴은 '깎다'가 되도록 ㄲ 받침, ⑵는 '먹었다'가 되도록 ㅆ 받침을 넣어야 합니다.

**3** 빈칸에 '볶'을 넣으면 '떡볶이'와 '볶음밥'이 모두 완성됩니다.

**4** 그림에서 유나는 기지개를 켜고 있습니다.

**5** 그림에서 누가 무엇을 하는지 살펴봅니다.

> **더 알아보기**
> 그림 ㉯에 어울리는 문장은 다음과 같습니다.
> • 나는 물을 마십니다.
> • 아버지께서 사과를 깎습니다.
> • 어머니께서 식탁을 닦습니다.

**6** 그림 ㉯에서 어머니는 식탁을 닦고 있습니다.

**7** 그림에서 아빠는 수박을 따고, 엄마는 수박을 자릅니다. 따라서 문장의 빈칸에는 모두 '수박'이 들어가야 합니다.

**8** 그림에서 아이들은 원두막에 있고, 강아지는 수박밭을 뛰어다닙니다.

**9** 그림에서 곰은 노래를 부르고 있습니다.

> **왜 답이 아닐까?**
> ② 토끼는 딸기를 먹고 있습니다.
> ③ 원숭이는 피아노를 치고 있습니다.
> ④ 호랑이는 춤을 추고 있습니다.
> ⑤ 북을 두드리는 동물은 없습니다.

**10** 그림에서 친구들은 공놀이를 하고 있습니다. 친구들이 물통을 들고 있는 모습은 그림에 나타나 있지 않습니다.

## B단계 단원평가 28~29쪽

**1** (2) ○ **2** 준서 **3** 닦 았 다 **4** 달리
기 **5** 훌라후프를 합니다 **6** ③ **7** ⑤ **8** (2) ○
**9** ① **10** 예 옷걸이는 침대 옆에 있습니다.

**1** 하고 싶은 말을 문장으로 표현한 그림은 ⑵입니다.

> **더 알아보기**
> 문장으로 표현해야 자신의 생각이나 전달할 내용을 상대에게 정확하게 전달할 수 있습니다.

**2** '묶'의 ㄲ 받침은 같은 자음자가 겹쳐서 된 받침이며 이와 같은 받침을 '쌍받침'이라고 합니다.

**3** ㄲ 받침과 ㅆ 받침을 넣어 '닦았다'로 써야 알맞습니다.

**4** 그림에서 원숭이는 달리기를 하고 있으므로 '달리기'에 ○표 합니다.

**5** 호랑이는 훌라후프를 하고 있습니다. 따라서 →보기에서 '훌라후프를'과 '합니다'를 골라 씁니다.

> **채점 기준**
> 호랑이가 '무엇을 하는지'를 모두 써서 문장을 완성해야 정답으로 합니다.

**6** '사슴'은 '동물'에 포함되는 말입니다.

**7** '나'는 그림책을 읽으며 같이 상상 여행을 하면서 놀면 재미있을 것 같기 때문에 같이 놀자고 했습니다.

**8** '휘둥그레'의 뜻은 '놀라거나 두려워서 눈이 크고 동그랗게 되는 모양.'입니다.

> **왜 답이 아닐까?**
> ⑴ '용기가 있으며 씩씩하고 기운찬.'은 '용감한'의 뜻입니다.
> ⑶ '몸의 한 부분을 갑자기 위로 높이 들어 올리는 모양.'은 '번쩍'의 뜻입니다.

**9** 빈칸에는 아버지께서 '무엇을' 하시는지가 들어가야 합니다. 따라서 '낚시를'이 들어가야 알맞습니다.

**10** '무엇이 어디에 있습니다.'와 같이 문장을 씁니다.

> **채점 기준**
> 그림의 물건이 어디에 있는지를 문장으로 알맞게 썼다면 정답으로 합니다.
> 예 • 모자는 옷걸이에 걸려 있습니다.
> • 베개는 침대 위에 놓여 있습니다.